STEM+

教育的课程整合与教学实践

肖萍◎编著

江蘇鳳凰教育出版社
Phoenix Education Publishing, Ltd

图书在版编目（CIP）数据

STEM$^+$ 教育的课程整合与教学实践／肖萍编著．—南京：江苏凤凰教育出版社，2018.5

ISBN 978-7-5499-7440-5

Ⅰ．①S… Ⅱ．①肖… Ⅲ．①教学研究 Ⅳ．①G420

中国版本图书馆CIP数据核字（2018）第133294号

书　　名 STEM$^+$教育的课程整合与教学实践
著　　者 肖　萍
责任编辑 雷利军　张晓兰
出版发行 江苏凤凰教育出版社（南京市湖南路1号A楼　邮编210009）
苏教网址 http：//www.1088.com.cn
照　　排 北京晨罡文化发展有限公司
印　　刷 三河市九洲财鑫印刷有限公司
厂　　址 河北省三河市灵山大口
开　　本 787毫米×1092毫米　1/16
印　　张 15
字　　数 200千字
版　　次 2019年9月第1版 2019年9月第1次印刷
书　　号 ISBN 978-7-5499-7440-5
定　　价 40.00元
网店地址 http：//jsfhjy.taobao.com
邮购电话 025-85406265，　85400774　短信　02585420909
E － mail jsep@vip.163.com
盗版举报 025-83658579

前 言

目前，学校内外已经刮起STEM⁺教育的旋风，各种各样的研讨、展示活动风起云涌，让人眼花缭乱、应接不暇。但是，任凭外围热闹非凡，学校的教师们仍在观望彷徨。

STEM是科学（Science）、技术（Technology）、工程（Engineering）和数学（Mathematics）四门学科英文首字母的缩写，STEM教育试图以解决实际问题为导向，打破学科界限，整合多学科知识共同解决问题。由于STEM过于理科性思维、机械化操作，往往出现“美观”的欠缺，因而增加了艺术（Art）学科，因而STEM变成了STEAM；后来又有人认为在STEM教育中阅读（Reading）不可或缺，在很多场合STEM又变成了STREAM；甚至因在某通用技术教材中强调社会（Society），于是又出现了STEAMS字样。我们可以设想，任何重要的学科、思想都可以加入到STEM中，那么STEM就变成了由几十个字母组成的长串符号，也就有了STEM⁺。STEM⁺似乎是个筐，什么重要就把什么往里装。那么，STEM到底是什么？

STEM⁺教育在中国也不过近三四年才开始推广，但我们又发现了一个现象：即使学校从未有教师谈起过STEM教学，校长在汇报工作时，也会将对学科课程内容的拓展活动，如综合实践活动、社团活动等，都归结到STEM教育中，甚至认为学校在很久以前就开始了STEM⁺教育。那么，现有的STEM有何新的含义？

我们还发现，一些学校在汇报STEM⁺课程建设时，会说到3D打印、无人机、机器人，似乎只有这些“高大上”的高科技内容才能构建起STEM⁺课程体系。那么，STEM⁺的内涵是什么？

纵观各种书籍，谈到STEM⁺“是什么”（What）、“为什么”（Why）的居多，而对STEM⁺“谁来做”（Who）、“怎样做”（How）、“何时做”（When）、“在哪里做”（Where）等的探讨都比较欠缺。对于以上问题，目前还没有完整系统的回答。

本书作者肖萍老师曾担任初中科学教研员多年，对于理科综合课程的理论与实践有一定的经验，2015年正当大家在讨论“是什么”“为什么”的时候，肖萍老师率先开始了“怎么做”的STEM⁺教学探索行动。很多读者希望能有关于方法论的介绍，这样会更具指导意义。于是本书采用较为浅显的表达方式，系统地探索如何构建STEM⁺教育的课程体系，为教师进行STEM⁺教学设计与教学评价提供方法参考。

目 录
CONTENTS

第一章

STEM^{+}教育概述

第一节　STEM⁺教育的兴起背景

一、STS教育

STS是科学（Science）、技术（Technology）、社会（Society）英文首字母的缩写。

STS研究和STS教育始于20世纪60~70年代西方发达国家。STS研究旨在探讨和揭示科学、技术、社会三者之间的复杂关系，研究科学、技术对社会产生的正负效应。

有学者将STS教育定义为：以技术和社会作为学习科学知识、技能的背景为重点的科学课程。实际上，STS教育是科学教育改革中的一种构想，其宗旨是培养具有科学素质的公民，它强调理解科学、技术和社会三者之间的关系；重视科学、技术在社会生产及人们生活中的应用；重视科学的价值取向，要求人们在从事任何科学发现、技术发明创造时，都要考虑社会效果，并能为科技发展带来的不良后果承担社会责任。

1985年，在苏州举行的中学理科教师能力研讨会上，正式提出了STS教育在我国的实施问题，之后STS教育在我国的一些高等院校和中小学逐步开展起来。

二、STEM教育的兴起

STEM是科学（Science）、技术（Technology）、工程（Engineering）和数学（Mathematics）四门学科英文首字母的缩写。STEM教育旨在将原

本分散的科学、技术、工程、数学四门课程集合成一个新的整体。这一集合，不是课程的简单组合，而是把学生学习到的零碎知识与工程技术转变成一个探究世界相互联系的不同侧面的过程，这就消除了四门学科之间的壁垒，是一种跨学科的学习方法。它强调让学生在“杂乱无章”的学习情境中提升设计能力、合作能力、问题解决能力和实践创新能力。

1. STEM教育在美国

1983年，美国国家高质量教育委员会发表了题为《国家处于危机中：教育改革势在必行》的报告，该报告揭示了美国当时的教育存在的一些严重问题，如数学、科学的选修率较低，学生成绩较差，理科教师缺乏，配套教学资源欠缺，等等。

1985年，美国科学促进协会发起了有关科学、数学与技术教育改革的长期规划，用了近四年的时间，于1989年完成并发表了题为《面向全体美国人的科学》的报告。这份关于科学、数学与技术的知识目标的综合研究报告明确提出，“普及科学基础知识（包括科学、数学和技术），已经成为教育的中心目标”。另一篇题为《科学素养的基准》的报告，将学生在K-12（从幼儿园到高中）阶段应获得的基本科学知识浓缩为十二大类：科学、数学、技术、自然环境、生存环境、人类机体、人类社会、被改造的世界、数学世界、历史展望、通用概念与思维习惯，并为每个年级段设定了学习目标。

1986年，美国国家科学委员会发表了题为《本科的科学、数学和工程教育》的报告，首次明确提出“科学（S）、数学（M）、工程（E）和技术（T）”（简称SMET）教育的纲领性建议，这一教育建议后来被视为STEM教育的开端。

1996年，美国国家科学基金会发表了题为《塑造未来：透视科学、数学、工程和技术的本科教育》的报告，明确提出了培养K-12教育系统中

STEM教育的师资问题。

1996年，修正后的《全美科学教育标准》正式出版，其中更多地体现了教育的“机会与责任”，更多地强调学习的系统性与整体性等。

2006年，布什公布了《美国竞争力计划》，提出全球竞争力的关键在于具有STEM素养的人才，鼓励各界加大对STEM教育方面的投入，鼓励学校加强科学、技术、工程和数学的整合教育，培养学生的科技理工素养。

2007年，美国国家科学委员会发表《国家行动计划：应对美国科学、技术、工程和数学教育系统的紧急需要》的报告，要求增强国家层面对K-12阶段和本科阶段的STEM教育的主导作用，在横向与纵向上进行协调；提高教师的水平，增加相应的研究投入。

2009年，美国国家科学委员会发布致美国时任总统奥巴马的一封公开信，其主题是“改善所有美国学生的科学、技术、工程和数学教育”。信中明确指出，国家经济繁荣和安全要求美国保持科学与技术的领先及指导地位。而大学前的STEM教育是建立领导地位的基础。

2011年，美国技术教育协会主办第73届国际技术教育大会，会议的主题为“准备STEM劳动力：为了下一代”。

2011年，奥巴马发布了《美国创新战略：确保我们的经济增长与繁荣》，其中指出，美国未来的经济增长和国际竞争力取决于其创新能力，倡导“创新教育运动”，要求加强STEM教育。

2016年，美国研究所与美国教育部联合发布了题为《STEM 2026：STEM教育创新愿景》的报告，旨在推进STEM教育创新方面的研究和发展，并为之提供坚实依据，力求在实践社区、活动设计、教育经验、学习空间、学习测量、社会文化环境六大方面促进STEM教育的发展，以确保各年龄段以及各类型的学习者都能获得优质的STEM学习体验，解决STEM教育公平问题，进而保持美国的竞争力。

2017年，特朗普签署了一份备忘录，将拨款2亿美元加大对科学、技术、工程以及数学（STEM）专业教育的支持，尤其注重计算机科学和编程方面的学校教育。

美国STEM教育的探索过程，就是根据社会发展的需求改善科学教育的过程，科学教育绝不是简单的学科教育，它是综合的、应用的、实践的。

2. STEM教育在中国

在21世纪初开始的课程改革中，已经开始强调打破学科界限，整合不同学科，即已经有系统的STEM的整合思想渗透。

例如，2001年教育部印发的《基础教育课程改革纲要（试行）》中明确提出要实现六大转变，其中三大转变是——

改变课程结构过于强调学科本位、科目过多和缺乏整合的现状，整体设置九年一贯的课程门类和课时比例，并设置综合课程，以适应不同地区和学生发展的需要，体现课程结构的均衡性、综合性和选择性。

改变课程内容"难、繁、偏、旧"和过于注重书本知识的现状，加强课程内容与学生生活以及现代社会和科技发展的联系，关注学生的学习兴趣和经验，精选终身学习必备的基础知识和技能。

改变课程实施过于强调接受学习、死记硬背、机械训练的现状，倡导学生主动参与、乐于探究、勤于动手，培养学生搜集和处理信息的能力、获取新知识的能力、分析和解决问题的能力以及交流与合作的能力。

与此同时，课程结构也发生了很大的变化——

初中阶段设置分科与综合相结合的课程，主要包括思想品德、语文、数学、外语、科学（或物理、化学、生物）、历史与社会（或历史、地理）、体育与健康、艺术（或音乐、美术）以及综合实践活动。积极倡导各地选择综合课程。

从小学至高中设置综合实践活动并作为必修课程，其内容主要包括：

信息技术教育、研究性学习、社区服务与社会实践以及劳动与技术教育。强调学生通过实践，增强探究和创新意识，学习科学研究的方法，发展综合运用知识的能力。增进学校与社会的密切联系，培养学生的社会责任感。在课程的实施过程中，加强信息技术教育，培养学生利用信息技术的意识和能力。了解必要的通用技术和职业分工，形成初步技术能力。

《义务教育初中科学课程标准（2011年版）》强调打破学科的界限，注重科学素养的培养，特别强调综合性、探究性、应用性。其课程内容涉及物理、化学、生物、自然地理，不论从知识上，还是从过程与方法、情感态度与价值观上都需要高度的整合。

由此说明，初中综合课程中的科学、历史与社会、体育与健康、艺术、综合实践活动等课程的设置，已经蕴含了课程整合的思想，尤其是科学课程，特别强调科学知识与技术、数学、工程等的整合，强调探究教学方式，解决实际问题。

2012年第4期《上海教育·环球教育时讯》曾开辟STEM教育专栏，这是中国教育类杂志第一次较为集中地介绍STEM教育。

2013年，科学普及出版社出版的《STEM项目学生研究手册》［（美）哈兰德著，中国科协青少年科技中心译］被认为是我国第一本有关STEM教育的译著。

2015年，教育部发布《关于“十三五”期间全面深入推进教育信息化工作的指导意见（征求意见稿）》，强调在教学中融入信息化元素，依托信息技术促进各学科教学内容和教学模式的改革。比如，有效利用信息技术推进“众创空间”建设，探索STEAM教育、创客教育等新教育模式。

实际上，科学（S）与数学（M）是难以分开的，20世纪80年代在理工科教育中较大规模地开展的STS教育，应该就是STEM教育的雏形。虽然没有工程（E）、数学（M），但在技术（T）、社会（S）中解决问题，必然涉及工程（E）和数学（M）。

因此，在中国，随着技术进步和社会发展，STEM教育在STS教育的基础上萌芽，在21世纪初的初中科学、综合实践活动活动课程中开始运用。随着创客运动的发展，STEM的内容逐步得以完善，而且在思维方式上进一步升华。

三、从STEM到STEM+

1. 从STEM到STEAM

在STEM中，科学（S）强调科学知识与原理的运用，技术（T）强调对工艺、结构等方面的改造与创新，工程（E）强调项目的设计与开发及具体工作的落实，数学（M）则强调系统思维、变量之间的逻辑关系，各要素中特别强调“理工科素养”和思维方式，其中，假如缺乏“美感”要素，那么堪称遗憾。

美国的前田约翰教授认为，所有卓越的创新都来自于将不同领域的东西聚合到一起，艺术不仅能带领科学达到美的境界，更能带给科学领域不同的启发。有学者提出将艺术（Art）也融进STEM教育中，因而产生了STEAM概念。

其实A不仅仅是Art，更应该是Arts，因此有学者提出，STEAM中的A还应包括美术、语言、人文、形体艺术等，具体表现在大艺术的视角、外显的美、设计思维、可视化的过程、美感素养、艺术性的诠释、人文几个方面。

2. 从STEAM到STEM+

人们已经清楚地意识到现行的教育必须打破学科的界限，回归到生活的本质。随着STEAM教育的不断被认可，目前国际上认可STEM教育融合的不仅是艺术，还涵盖音乐、体育、历史和社会等学科。如有人认为社会（Society）很重要，于是就变成了STEAMS；有人认为阅读（Reading）很重要，于是将其纳入STEAM体系中，形成了STREAM。

按照以上的逻辑，任何重要的学科都可以添加进去，那么可以想象，STEM的家庭成员会变得越来越多。其实，这就又回到了原点：世界是整合的，任何实际问题的解决都需要多维度的知识、意识、思维方式、能力结构。因此，我们不得不思考STEM教育的内涵和外延。

STEM教育不仅仅是简单的分与合的概念，也不仅仅是几个学科的融合，还必须是跨学科的概念、跨学科的超级融合。所以依据国际上的话语体系，STEM教育应为$STEM^+$教育（见图1–1）。

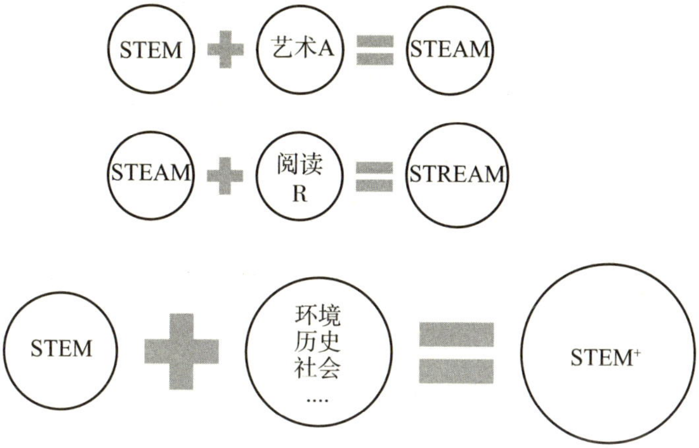

图1–1　$STEM^+$教育图示

四、人才需求与教育

托马斯·弗里德曼在《世界是平的》中写道，2003年世界上共授予280万个科学和工程的学士学位。其中120万个学位被授予在亚洲大学里的亚洲学生，83万个学位授予欧洲的学生，40万个学位授予美国的学生。在中国，60%的学士学位是授予科学和工程专业的学生的，而美国只有31%。这支训练有素的科学与工程队伍正在加强一个国家的竞争力。在一个科学和技术占主导地位的世界里，这是一个国家竞争力的重要因素。

来看看下面这则报道。

中国学生未来愿从事科学工作的比例不及美国一半——谁偷走了中国孩子的科学梦?

经济合作与发展组织（OECD）公布的2015年国际学生能力测试（PISA）结果显示，美国“将来期望进入科学相关行业从业的学生比例”为38%，中国只有16.8%，还不及OECD国家24.5%的均值。

中国青少年研究中心2013年年底对全国5 696名中小学生的调查发现，只有不到三分之一（32.3%）的高中生将来想从事与科学相关的工作，比美国和韩国少17和12个百分点，这两个国家的数字分别是49.3%和44.6%。纵向看，中国小学生将来想从事与科学相关工作的有52.5%，初中生有47.5%，可见，孩子年龄越大，想当科学家的占比越少。

求学期间的意愿直接决定了毕业后的求职。智联招聘等机构几年前发起的一项调查显示，仅有3%的女性希望“成为技术专家”，男性选择指数稍高，但也只有7%。需要指出的是，调查中“90后”选择“成为技术专家”的占比更低。

中科院一位研究员前些年对北京市1 000多名中小学生的调查更能说明问题：在9个未来希望从事的职业中，选择“科学家”的人数居倒数第三，只比工人和农民排名靠前。

——摘自2017年1月13日《科技日报》

面对中国孩子科学梦的缺失、很多学生不愿从事与科学相关的职业的现状，我们应该思考如何改善教学方法，从而引导更多的学生去学习科技知识，STEM+教育就是一个有益的探索。

1. 科技人才的需求

为贯彻落实《中国制造2025》，健全人才培养体系，创新人才发展机制，进一步提高制造业人才队伍素质，为实现制造强国的战略目标提供人才保障，按照国家制造强国建设领导小组的统一部署，教育部、人力资源和社会保障部、工业和信息化部（以下简称“三部委”）共同编制了《制造业人才发展规划指南》。其中明确了其主要任务：推进制造业人才供给结构改革、加快实现产业和教育深度融合、提升制造业人才关键能力和素质、打造高素质专业技术人才队伍、造就技艺精湛的技术技能人才队伍、建设高水平的经营管理人才队伍、优化制造业人才发展环境。

三部委根据《中国制造2025》的计划和实施进度，还给出了对人才需求的最权威预测（见表1–1）。

表1–1　制造业十大重点领域人才需求预测（单位：万人）

序号	十大重点领域	2015年	2020年		2025年	
		人才总量	人才总量预测	人才缺口预测	人才总量预测	人才缺口预测
1	新一代信息技术产业	1 050	1 800	750	2 000	950
2	高档数控机床和机器人	450	750	300	900	450
3	航空航天装备	49.1	68.9	19.8	96.6	47.5
4	海洋工程装备及高技术船舶	102.2	118.6	16.4	128.8	26.6
5	先进轨道交通装备	32.4	38.4	6	43	10.6
6	节能与新能源汽车	17	85	68	120	103
7	电力装备	822	1233	411	1731	909
8	农机装备	28.3	45.2	16.9	72.3	44
9	新材料	600	900	300	1 000	400
10	生物医药及高性能医疗器械	55	80	25	100	45

根据国家三部委发布的权威数据来看，人才需求最迫切的重点领域是节能与新能源汽车。到2020年人才缺口比例高达80%，到了2025年，该重点领域的人才缺口比例会上升到85.8%（见表1-2）。

表1-2　制造业十大重点领域人才缺口比例

顺序	重点领域	2020年人才缺口比例	2025年人才缺口比例
1	节能与新能源汽车	80%	85.8%
2	农机装备	37.4%	60.9%
3	电力装备	33.3%	52.5%
4	高档数控机床和机器人	40%	50%
5	航空航天装备	28.7%	49.2%
6	新一代信息技术产业	41.7%	47.5%
7	生物医药及高性能医疗器械	31.3%	45%
8	新材料	33.3%	40%
9	先进轨道交通装备	15.6%	24.7%
10	海洋工程装备及高技术船舶	13.8%	20.7%

教育应该为经济发展服务，应该提前为满足重点领域需求的人才做好准备。

鉴于此，在有关教育项目的选择和课程安排上，就应该重点加强这十大重点领域的比重与分量，从小培养学生对重点领域的兴趣。为满足社会经济发展战略的需要，现在我们的教育就必须做出改变，通过STEM+教育来培养更多的科学技术人才。

现代社会的发展越来越依赖于科学技术的进步，对人的科技素养的要求也越来越高；在现实生活中遇到的问题越来越具有综合性，要求人们必须具有跨学科的综合素质，而传统的教育模式已经跟不上现代科学技术发展的速度，社会环境对教育发展提出了更高的要求。新型的STAM+教育就是对未来基础教育发展的新探索。

2. 教育的供给侧改革

“供给侧改革”是指生产的产品在不符合市场需求的时候，为了适应市场需求方的变化，供给侧需要做出的改变。具体指从供给、生产端入手，通过解放生产力、提升竞争力促进经济发展。

“教育的供给侧”指为学生提供学校、课程、教学方式等各方面服务，并为社会经济发展提供基础人才。教育是为学生的成长服务的，一旦学生成长的过程和评价要求发生了变化，作为提供教育的具体内容——课程也要做出相应的改变，进行教育的供给侧的结构性改革。其更多体现在，扩大课程、教学方式等结构性的有效供给，减少无效的供给，从而满足不同学生的成长要求。其目标就是要为经济转型和产业升级提供更多合适的基础人才。

经济基础决定上层建筑。改革开放以来，中国经济高速发展，经济体量已经与41年前完全不同了，经济发展的方式方法已经改变，国家经济政策也发生了变化，如经济转型和产业升级、创新型国家建设、在老少边穷地区进行脱贫攻坚等，都意味着数以亿计的各类劳动者需要在理念、思维、知识、技能等多方面进行改变，以满足经济发展之后社会对人才的需求。

发展经济和实施一系列国家战略，既迫切需要提升国民素质，又迫切需要大量高素质劳动人才、专业人才和拔尖创新人才。这就需要进行教育改革，利用STEM⁺等创新教育形式，形成形态丰富的教育与培训，从而建立起人才支撑和智力保障体系。

过去的教育适合工业化时代的产业追随战略，取得过很大的成绩。随着产业转型升级，教育行业也需要进行供给侧改革。

现代技术的发展速度越来越快，我们已经进入信息社会；信息社会与传统工业社会的经济发展模式不同，对人才的素质要求和教育要求也不同。在人类社会不同的发展阶段，因经济发展的动力不同，其对人才的需求及相应的教育模式的需求也不同（见表1–3）。

表1–3 经济发展阶段对应的人才培养模式

发展阶段	经济发展要素	经济发展模式	人才培养模式	学习动力	学习内容
原始文明	从外界获取	顺应生存环境	模仿与体验	学习生存技能	技能与习俗
农牧文明	生产要素驱动	积累和掠夺财富	天才和极少数精英的通识教育	改善生活质量	农耕知识与道德规范
工业文明	效率驱动	专业化分工	不同劳动阶层的细分及其专业教育	学习职业技能	科学知识与制造技能
信息文明	创新驱动	技术与管理创新	对全体人群按需求进行针对性教育	个人终身发展	信息素养思维方式

追随西方发达国家的技术方向，中国技术以更快的发展模式迈进了信息社会的门槛。随着信息技术的飞速发展与普及，各种全新的教育工具不断涌现，学生获取知识的渠道也获得了极大的丰富，同时，“大众创业、万众创新”和深化供给侧改革，建设创新型城市，秉持创新思维，利用科技方法来实现更高质量、更有效率、更加公平、可持续发展的全新经济发展模式的确立，也对新经济发展模式下对应的基础人才需求提出了新的要求。我们才刚刚进入信息社会，对应的人才培养模式还在探索当中，为了加快探索进程，参照和借鉴信息技术发达国家的基础科技人才培养的做法，也许是快速确定信息社会全新教育模式的有效途径。

在创新驱动发展的时代，创新人才是发展的主要驱动力量，有了足够的创新人才，国家才可能在技术发展中实现“弯道超车”，赶上发达国家。中国教育的现状是“均值很高，方差很小”，能满足工业化时代的人才需求。但随着信息时代的到来，产业升级和经济转型的发展，对基础人才的标准和培养模式提出了新的要求，而STEM⁺教育就是在进入信息社会后，对全新教育模式的一种有效探索。

第二节　STEM⁺教育的本质和关联

一、STEM⁺教育的本质

1. STEM⁺教育是一种理念、一种课程、一种教学方式

STEM⁺教育不是各学科的简单叠加，而是强调各学科的融合，强调综合视野、工程思维下的系统方法论，旨在引导学生将知识和技能应用于实际问题。从这个意义上说，STEM⁺教育应该是一种教育理念、一种课程、一种教学方式。

我们面对的是真实的世界，受认知水平的限制，不可能全方位地认识世界，于是知识不断被分化，变得越来越精细。学校教育只是涉及部分学科知识，随着时间的增加，学生对世界的认识只会越来越学科化、条块化。

STEM⁺教育让教育回归到认识世界、解决实际问题的本质，而我们要做的就是在众多孤立的学科课程之间搭建新的桥梁，为学生提供全面认识世界的机会，把多个领域内的学科的知识与技能、过程与方法、情感态度与价值观的教与学，整合到一种教学范例或范式中，把学生学习到的零碎知识整合成一个互相联系的、相互统一的整体，从而打破学科之间的壁垒，让学生能综合使用各学科的知识，通过系统的思维方法去解决实际问题。

我们认为，知识可以分成两种：一种是块状知识，一种是线状知识。块状知识能够帮助我们弥补在某个具体领域里的认知欠缺；而线状知识则能够帮助我们在近似却不同的知识板块间穿梭，帮助我们将块状的、局限在某一固定领域里的知识点综合起来，使我们对现实事物有系统、全面的感知。

每一具体领域里的块状知识，通常在我们的记忆当中都会被简化成一些符号和感受。简化之后，我们对世界的理解其实少了不少维度。我们确实学到了知识，但对世界的了解，其实并没有实质性的进展。因此，那些线状知识就有了用武之地。它们可以在不同领域的块状知识之间“穿针引线”，给我们更丰富的维度、更丰富的细节，帮助我们还原事物本来的面貌。没有块状知识，我们的视野无法拓展；没有线状知识，我们的视野不够完整。

STEM+教育的实质是跨界学习、跨界融合，强调以设计和探索为手段，运用科学与数学的思想方法，通过使用新技术，将不同学科的知识串联起来，根据实际问题的需要和解决实际问题的目标进行学习，形成系统分析能力。

从课程层面看，STEM+教育的特征是参与的学生能够进行以活动、项目为基础，基于问题解决的学习，同时获得应用知识的课堂体验；学生在应用数学和科学知识解决问题时，能够进行创造、设计、建构、发现、合作，并解决问题。

利用STEM+教育改革中国教育，就是要让学生学会从不同的角度来认识同一个事物，发现这个事物的特点；能综合应用科学知识和技术方法，解决实际问题。

“科学”引领学生探索世界，“技术”指导学生改造世界，“工程”带领学生创造世界，“数学”则作为一种模型或理论基础，在工程、技术、科学之间，架起一座逻辑关系和系统思维的联通桥梁。

2. STEM+教育不应局限于理科

STEM+教育不但适用于理科学习，而且适用于文科学习。因此，中国特色的STEM+教育不仅包括科学、技术、工程以及数学等理科内容，同时也包括社会和表达（Society and Show）、传统和优美（Tradition and Tasteful）、经济和环境（Economy and Environment）以及方法和管理

（Method and Manage）等内容。

同样，思想品德与社会类的德育内容也可以组成自己的“STEM”。例如，乐观和毅力（Sanguine and Stamina），信任和协作（Trustful and Teamwork），平等、朴实和认真（Equality、Earthy and Earnest），品德和心胸（Morality and Mind）等。

【观点】STEM⁺教育的核心是，基于问题与情境的学习，综合多学科知识，进行系统性方法论的训练。

从这个观点中我们可以看出，STEM⁺教育的目标是通过具体的课程，培养学生的多种能力，其中包含思辨能力和方法论的建设。

【讨论】STEM⁺教学，如何做到培养学生的多种能力？

（1）有人说：“提出问题等于问题解决了一半。”如何科学地提出问题，并进行合理的描述？如何创设学习的情境？

（2）怎样去界定问题的范围和技术难点？

（3）在进行探究性学习时，如何制订探究的步骤并开展探索？

（4）怎样通过对问题的深入分析进行数学建模，并发展和使用模型？

（5）在利用模型进行解题时，如何有效地使用数学、信息、计算机技术和计算思维？

二、STEM⁺教育与传统教育的联系

STEM⁺教育虽然来源于科学教育，但同时也是科学教育与现代科技创新相结合之后的蜕变和升华。STEM⁺教育不是简单的科学教育的升级版，而是一种全新的、全面的教育模式，是以创新的STEM⁺方式，整合诞生的新教育系统。

STEM⁺教育不仅包含了科学教育课程、劳动实践课程、科技创新课程以及机器人等信息技术教育的内容，还充分利用这些课程的优势和长处，引导学生从不同的角度和方向来探究某一事物的特性，锻炼和提升学生

的自我学习能力，使学生逐步掌握探索客观事物的系统性方法、过程和技巧，提高分析事物规律和解决实际问题的能力，成为社会建设的优秀人才。

【思考】STEM+教育与传统的科学教育、科技活动、综合实践活动、劳动技术等课程的区别在哪？

1. STEM+教育的关键词是工具、能力、思想

STEM+教育不再局限于对某一现象的科学解释，不再局限于理解和普及科学技术知识，而是使学生系统地掌握和应用各种科学技术知识，以工程思维方法去解决实际问题。

如果说科普教育在很大程度上处在“知其然”的程度，STEM+教育则达到了“知行合一”的境界，它能够在更高的层次上引导学生结合生活实际和需求，有针对性地灵活应用科学技术知识，分析和解决遇到的问题，提升自己的能力。

STEM+教育不再局限于“做中学”，更不是简单、重复地做，而是更加注重学生认识论的进步，希望学生对事物的认识更加完善和全面。在工具使用上，STEM+教育强调让学生应用最新的技术与工具自主进行探索，使学生在探索过程中提高能力。

STEM+教育不是劳动技术等实践课的科学版，不是简单的基于制造力培养创造力，而是基于行动力培养想象力的系统化教育。技术与实践是STEM+教育的“表”，高层次的思维能力和创新智慧是“里”。

STEM+教育不是简单的发明创新课的普及版。STEM+教育强调要有创新思维和方法，要学习工程技术的最新成果，掌握一些关于信息技术的新型工具，旨在帮学生奠定更加完善的、将来能够参与技术发明的基础，使学生成为一个“创客”的种子和潜在力量，将来在不同的岗位上都能做出成绩。

STEM+教育并不局限于机器人、3D打印、无人机领域，也不局限于理

工科，中国的STEM⁺教育既是为培养中国重点技术领域的工程技术和管理人才服务的，也是为培养社会科学领域的服务和管理人才服务的。

STEM⁺教育的目标是提高全体学生的科学技术水平和能力，提高全体学生对科学技术的兴趣和系统思维水平，而不是为少数有天赋与兴趣的学生服务的教育；STEM⁺教育也不是被特定的教学载体所局限的教育方式。

STEM⁺教育就是要发现不同课程所代表的内在规律，从基础思维方式上来培养学生发现问题、分析问题和解决问题的能力。

2. STEM⁺教育的活动过程

（1）引起学生对新事物及其探索过程的关注。

（2）引发学生对探索方法和过程程序的思考。

（3）激发学生探究、自学和进行拓展活动的兴趣。

（4）利用创新思维方法解决实际问题，进行创意规划，激发学生动手创作的兴趣。

（5）通过系列活动过程，增强学生的核心素养。

（6）发展学生的创造力、想象力、制作能力，使学生成长为企业和科研机构需要的优秀创新型人才。

三、中国制造和STEM⁺教育

今日的学生，明日的栋梁。我们要从社会发展的宏观视角去看待STEM⁺教育的规划，结合《中国制造2025》和加快创新型国家建设的整体发展规划，引入适合中国学生的工程技术知识和工具，面向全体学生制订STEM⁺教育课程，同时给学生自主学习和自我成长的空间，使STEM⁺教育课程和各种对应的教材与教具成为一个完整的体系，提高课程和教具的兼容水平，提高课程体系的开放度，重点训练学生的系统思维能力和创新思想水平，培养更多高素养的创新型人才，为实现“跻身创新型国家前列”的宏伟目标奠定教育基础。

著名经济学家和创新理论大师约瑟夫·熊彼特从经济发展的角度，探讨了创新在经济发展过程中的作用，提出了创新在经济发展过程中的核心作用。熊彼特认为，经济发展是在经济内部发生的一种非连续的变化，创新是经济发展最重要的要素，没有创新就没有发展。创新的出现，带来了经济的发展；创新的消失，导致了经济的停滞。创新实际上是在经济体系中引入了新的生产函数，对原来的效益成本曲线进行不断的更新和升级。

要想建设创新型国家，就要让广大的工程技术人员和基础劳动者群体懂得有关创新的理论，能够利用创新的思维方法，能够结合高新技术知识和工程管理方法以及自己的实际工作内容，在具体的工作中做出有创造性的贡献。为了实现这个目标，需要从基础教育开始教授相应的教育内容与课程。

创新是一个涉及面很广的立体行为体系，创思、创出、创意、创作、创建、创业和创投这“七创”，表现出了创新从设想到作品、样品、产品、商品的进度和进程。熊彼特所提到的产品创新、技术创新、市场创新、资源配置创新和组织创新，从经济学创新理论上阐述了创新的宽度和范畴，而发明问题解决理论又以发明等级的方式，清晰地阐明了创新的深度和层次。像用三维坐标的音调、节奏和力度来形容音乐那样，我们也可以用进度、宽度和深度来描述创新的事物；与音调节奏及力度需要和谐的音乐才好听一样，事物的创新也需要在不同范畴、解决问题的程度和步骤进度都和谐的情况下，才能够取得更大的效益。

四、STEM+教育与创客教育的比较

2014年9月，李克强在夏季达沃斯论坛上公开发出“大众创业、万众创

新"的号召后，各地"创客节"风起云涌地开展起来，"创客教育"随之出现。

1. 厘清概念

（1）创客

"创客"一词来源于英文单词"Maker"，是指出于兴趣与爱好，努力把各种创意转变为现实的人，可以简单理解为玩创新的一群人。

在中国，"创客"与"大众创业、万众创新"联系在了一起，特指那些具有创新理念、自主创业的人。2015年12月，《咬文嚼字》杂志公布"2015年十大流行语"，其中"创客"排第五。

"创"的含义是开始做、创造、首创、开创、创立；"客"的含义是客观、客人、做客。"创客"鼓励创新，鼓励分享盈利模式，在分享的同时，保护首创者的利益和积极性。

创客必须具备"创客思维"。"创客思维"既是一种技能，也是一种思维倾向，具体表现为勇于突破传统思维方式，对事物保持好奇心；善于发现事物的异同，注重批判性思考；具有"成果"意识，敢于不断尝试和实践，面对困难和挫折时能够灵活转变解决策略与思路，注重知识的综合应用，积极、主动、努力地将创意实现。

（2）创客教育

有关"创客教育"的定义众说纷纭。

有学者认为，创客教育是以课程为载体，以创客空间为主要场所，以推动创客精神为核心，融合多学科知识运用，培养学生的想象力、创造力及解决问题能力的教学活动。

我们理解的创客教育，广义上是指培养学生创新和创业所需的知识、能力、视野、意志品质等的教育行为，是教育活动、课程、机制和环境的总和；狭义上是指为解决中小学教育体制中创新意识、实践能力培养不足等问题，将创客理念引入教育体系中，实施一系列关于创新、实践技能训练的综合课程。

本书探讨的创客教育，是面向全体学生的，通过体验教育、项目学习法、创新教育、DIY模式，培养学生的创客思维，让学生成为学习的主人，更好地掌握学习的进度，灵活应用所学到的各种知识与技巧。

创客教育强调广泛地运用信息技术，将创意变成实物，在整个过程中突出制作的工艺水平和效果，注重工程技术知识的整体运用，而且要利用现有的信息技术手段和各种新型的应用成果及器材。这使得创客教育具有了以下特色：传承“工匠精神”、培养“创客能力”和启蒙“产业知识”。

（3）创客空间

在国外尤其是美国的很多家庭，自家车库里都会放有许多工具与器材，孩子在家长的带领下，可以在车库里参与修理、改造、制作一些家庭用具，同时还可以自行完成一些创意性工作。

2001年，麻省理工学院比特和原子研究中心发起了Fab Lab（微观装配实验室），其核心理念是，发明创造将不再只发生在拥有昂贵实验设备的大学或研究机构，也将不仅仅属于少数专业科研人员，而有机会在任何地方由任何人完成。Fab Lab的理念带动了此后个人设计、个人制造的浪潮。

2010年，李大维先生从美国回来，在家里为孩子打造了一个“制作空间”。接着他在上海开办了中国第一家创客空间——“新车间”。在这个不到50平方米的空间里，放着各种电路、电脑零配件和芯片，所有零件都可以用来DIY。这是一个完全向公众开放的空间，每月支付200元，孩子和成年人都可以在这里拥有一个大小不超过50cm × 50cm × 50cm的储物箱。在新车间里，有硬件高手、电子艺术家、设计师、工程师、DIY爱好者跟你一起拆装电子和物理产品。

在“新车间”的启发下，2011年，“北京创客空间”在中关村成立。一年后，“3D打印机”“创客音响”“数音堂”“防盗保险箱”等六个团队，在这里成长为具备商业运作能力的创业公司。2013年年初，“北京创客空间”寻找到自身的盈利模式——“产品2.0管理公司”，也就是小批量生产定制化产品的团队。

2015年，李克强在深圳参观了“柴火创客空间”，获取了一本“创客护照”，并说：“我再为你们添把柴，让更多的人走进‘创客’行列！”于是“创客空间”如雨后春笋般在全国各地涌现。

紧接着，许多学校纷纷建立了创客空间，为学生提供了比较充分的创客环境和一定的工具。继深圳正式发布《深圳市中小学创客教育课程建设指南（试行）》和《深圳市中小学创客教育实践室建设指南（试行）》之后，许多城市也相继发布了类似的文件，对中小学创客教育课程的开发实施和创客实践室建设做出了指引。创客教育开始在学校广泛推行。

【活动】

1. 参观一家企业的创客空间，再参观一所学校的创客空间，然后进行比较。

2. 在自己所在的学校里设计一个创客空间，写出创客空间基本的要素。

2. STEM⁺教育与创客教育的异同

其实，STEM⁺教育与创客教育的理念一脉相承，只是STEM⁺教育起源于美国的科学教育，更多地在学校教育中使用，而创客教育有广泛的时代背景，两者的外延有一些区别，我们来对它们做一些对比（见表1-4）。

表1-4　STEM⁺教育与创客教育的比较

比较维度	STEM⁺教育	创客教育
涉及范围	科学、技术、工程、数学、艺术、阅读、经济、社会等	以信息和自控为主的各种工程技术
场合	更多在学校教育中使用	学校内外使用
目的	以主题为研究对象，取得对事物认识的进步	以完成作品为目的，重点是培养科技类人才
目标取向	思辨思维和方法论	创新技法与创新作品

（续表）

比较维度	STEM+教育	创客教育
导向	以主题为导向	以结果为导向
方式	以基于问题的探究性学习为主	以应用知识为主
情景	多数真实情景为教师所预设	学员自己发现问题的真实情景
过程	为了完整地认识主题事物，从多个学科的不同角度对事物进行深入细致的研究分析，归纳其特性	为了完成目标作品，需要引用和结合不同行业的知识，并应用到作品的制作过程中
学习空间	学校里，更多是课堂上	更多是在创客空间里自主活动
时间	可以集中在教师安排的确定时段里	时间安排的自主性强
范围	面向全体学生	更多是集中在社团活动当中
衡量方式	以数据记录为依据的学习过程衡量	以作品效果为依据的结果衡量
组织	学生服从教师的统一安排与管理	学员自我管理，主导创客活动过程
教师角色	课程设计、规划和组织管理者	导师和支持者
相互关系	是创客的基础	是STEM+学习效果的表现

虽然STEM+教育和创客教育在追求目标和具体实施上有不同，但是两者的基本理念和出发点是基本一致的，在有关“有教无类”“学而不厌，诲人不倦”“寓教于乐”“因材施教”和“学以致用”的教育理念上，在“发现问题、分析问题和解决问题”的教育核心上，两者是一致的。我们认为，中小学阶段教育的本质是一致的，即追求个性化的教育价值取向；追求知识的综合应用、实际问题的解决，体现着综合性、多元性、开放性、动态性。STEM+教育与创客教育在教学原则上是一致的，只是在教学内容、教学方法与手段、教学组织形式的选择上略有差异罢了。

有条件的地区要积极探索信息技术在“众创空间”、跨学科学习（STEAM教育）、创客教育等新的教育模式中的应用，着力提升学生的信息素养、创新意识和创新能力，养成数字化学习习惯，促进学生的全面发展，发挥信息化面向未来培养高素质人才的支撑引领作用。

——教育部关于印发《教育信息化“十三五”规划》的通知

教育部在文件中将STEAM教育与创客教育并列，说明从教育宏观层面上，也认为STEM$^+$教育与创客教育的相似和近似。

【观点】在中小学阶段，创客教育与STEM$^+$教育相比较，在形式、追求目标、学习过程，以及价值追求等方面都是一致的。所以我们认为，可以将创客教育视作STEM$^+$教育，两者基本一致，不必进行割裂划分，形成名目繁多的名词。

第三节　STEM$^+$教育的现状与问题

一、STEM$^+$教育的现状

1. 全国政策触动

2015年9月，教育部起草的《关于“十三五”期间全面深入推进教育信息化工作的指导意见（征求意见稿）》中提出：“探索STEAM教育、创客教育等新教育模式。”

2016年3月，《教育部教育装备研究与发展中心2016年工作要点》中明确提出：“加强创新创造教育研究。贯彻国家‘双创’要求，为创客教育、‘STEAM课程’提供教育装备支撑，探索将新的教育装备融入课堂，培养学生的创新能力、综合设计能力和动手实践能力。”

教育部在文件中对STEAM教育方式的正面肯定，促进了STEM$^+$教育热度的兴起，造就了火热的STEM$^+$教育市场。

2. 地方措施鼓动

2016年10月，南京市政府办公厅出台《南京市全民科学素质行动计划纲要实施方案（2016—2020年）》，提出“十三五”期间在全市建设100所创客教育实验学校，建设有本校特色的科普实验基地，90%的学校建有不少于一个项目的科技教育创新实验室。

2017年3月，山东省教育厅印发关于《山东省学校创客空间建设指导意见》的通知，提出一系列政策以促进学校、学生素质教育和创新教育的全面发展。根据规划，2018年年底，全省各级各类学校均建立创客空间，而创客教育、跨学科学习（STEAM教育）等新兴教育模式将逐渐在学校普及。

2016年11月，上海市教育委员会教育技术装备中心编制《上海市中小学创新实验室建设指南（义务教育阶段）》，对创新实验室的课程设置、环境建设等提出了规范要求，明确了数学、物理、工程技术、艺术等十大类核心学科的主要仪器（器材）设备的配备目录，同时研发创新实验室建设与运行评估指标体系，编制配套的评估实施办法，提高创新实验室的运行和使用效益。

2017年4月，河南省教育厅出台《关于进一步推进中小学创客教育的通知》，非常明确地提出要以郑州市、焦作市作为首批河南省中小学创客教育试点市，并计划在全省范围内确定100所创客教育试点校，经省级评估达到要求的试点校，授予“河南省中小学创客教育示范校”称号，给予表彰和奖励，提出要保障创客教育课程开课时间满足每班每周至少一课时的要求。

2017年9月，江苏省印发了《江苏省STEM教育项目学校建设指导意见（试行）》，并公布了243所STEM教育项目试点学校（其中幼儿园32所、小学122所、初中47所、高中42所）。明确指出，在课程内容的设计中，要有意识地将艺术人文、社会历史等知识融入其中，培养学生的综合素养。

2017年8月，贵州省起草了《贵州省中小学创客空间建设指导意见（试行）》，鼓励通过开展多项目、系列化的创客竞赛活动，引导师生广泛参与，以竞赛带培训，以竞赛促水平，逐步构建优质高效的创客教育生态体系，培养学生的创新精神、创新意识和实践能力，全面提升学生的创新素养。

2017年12月，广州市教育研究院《关于公布广州市中小学、中等职业学校深入推进STEM课程实施试点学校名单的通知》，指出为深入推进STEM课程实施，广州市教育研究院共确定了155 所STEM课程试点学校。

2017年12月，郑州市智慧教育暨创客教育文化艺术节成果展开幕。会上，郑州市教育局公布了郑州市中小学创客教育示范校及试点校，共有50所示范校和32所试点校上榜。

深圳市2017年拟再建200个创客教育实践室，每个实践室投入45万元，建设期3年，届时，深圳市半数公办中小学将拥有创客教育实践室。

3. 社会企业推动

现在，很多企业也纷纷进军学校内外，抢占STEM⁺教育这片蓝海空间。根据国内上市公司公布的资料进行的不完全统计，有许多企业参与了STEM⁺教育，以投资和收购兼并等资本运作的形式，进入了STEM⁺教育行业，并以自己的方式推动了这一行业的发展。

学校内：分为课内和课外两部分，课内的就是在科学课上开始以STEM⁺教育的方式进行教学，而课外部分则以兴趣班、社团活动等形式作为选修课程。

3D打印、机器人和开源硬件等企业给学校提供了高新科技设备和作品，形成了高新科技课程。生产企业还派出工程师作为教师来学校上课，为学校解决相关师资缺乏的问题。随着课程的开展，一些优秀学生能按照企业给出的制作模式，组装出“高大上”的科技“作品”，还能参加全国和国际的机器人比赛，并获得不同级别的奖项，给他们自己和学校带来了荣誉，也在高等院校的自主招生活动中起到了重要作用。

校外市场：体现在机构培训模式和家庭亲子教育方面。一些培训机构利用STEM⁺教育热度，不管是否真正懂得STEM⁺教育的内涵，也不论是否能够完成STEM⁺教育的基本内容，都努力在招生宣传和课程名称上凸显STEM⁺教育的概念。

当然，有关STEM⁺教育的宣传很多，各地的学校也在宣传中强调了STEM⁺的内容。相信随着各地方政府的大力推动、教育管理部门的重视，以及更多企业的参与和投入，STEM⁺教育将展现更大的作用和效果。

课程资源社会化、社会资源课程化是教育发展的必然。学校课程的开发与建设一定是学校、社会资源、课程专家共同参与并完成的。跨界融合的主题探究课程，不仅能帮助教师进行国家课程的校本化实施，也为学校提供了符合校情的校本化特色课程。

2015年11月3日，中国教育在线报道：

《赵州桥》是小学语文中的一篇课文，当年，我们在学习这篇课文时，只能看到一幅静态的插图。但今后，云南的小学生在学习时也许能自己打印一座3D版的赵州桥，一边看着微缩实景，一边诵读课文。

云南省决定在数学家丘成桐及其团队捐赠1 000台3D打印机的基础上，由云南省财政厅、云南省教育厅安排专项采购资金6 820万元，为全省中小学配备6 000套3D打印成套设备。

【讨论】

1. 你认为在上述案例中，给中小学配备3D打印机是要解决什么问题？

2. 3D打印机在STEM⁺教育中的作用是什么？如果你们学校也配备了3D打印机，你将如何使用它？

3. 有人认为STEM⁺课程必须有3D打印、无人机、机器人，你认为呢？请说出理由。

二、STEM⁺教育面临的问题

近年来，STEM⁺教育备受瞩目，不但被“炒”成了热词，而且许多地区和学校都在开展。作为一种新兴事物，在探索的过程中会不可避免地出现问题，具体表现为理论多，实践少；产品多，课程少；宣传多，落实少；单体多，整合少；分散多，系统少；校外多，校内少。从目前的情况看，STEM⁺教育在教育方式和课程规划方面都存在着许多问题。

1. 欠缺课程与规划

没有课程、缺乏教师、教育内容难以落实是STEM⁺教育存在的明显问题。为了开展STEM⁺教育，学校需要重新进行课程结构体系的顶层架构规划，并根据学校的具体情况，进行不同类型课程的有效性系统集成，重新设计开发出适合学生认知水平的STEM⁺课程，如此，才有可能将STEM⁺课程与现有的国家课程进行融合，使二者相互促进。STEM⁺课程的开发，包括课程研发及教学工具和设备的研发。而现在STEM⁺教育所使用的课程，或者是直接引进国外的，或者是企业和教育机构根据自己的教具、材料设计的。

虽然引进的国外的课程体系相对比较完整，但并不那么适合我国国情，既没有充分利用国产的各种教学设备去拓展课程和应用，也没有按照市场上人才需要最迫切的领域去进行针对性的教育。如美国的STEM⁺教育，其课程往往是针对美国中小学生存在的问题设计的，旨在解决美国中小学生缺乏基础科学知识和科技学习兴趣的问题，我们直接拿来使用，则难以达到学以致用的目标。引进国外的课程，缺乏根基，与学校已有的课程缺乏关联，不能形成完整的课程体系。

新闻中已经多次报道，有些地区已经开发了许多STEM⁺课程，这些课程可能是适合地区使用的，没有被大面积推广，在其他地区很难见到。而国内企业根据自己现有的教具、材料开发的课程，多数还局限于教具、材料的特点，往往集中在机器人、无人机、3D打印和IT编程等相关内容上，课程规划不系统、不完整，而且企业为了独占市场，设备和课程的排他性也比较强，相互间的兼容度很低，即使像北京大学、清华大学这样的顶级大学，也没有在这些课程的基础上进行完整的系统集成工作，无法为不同的学校提供完整的STEM+课程建设和教育方案。

2. 课程内容缺乏系统性

对STEM+教育的实践在中国还处于初级阶段。尽管学校和教师对其有所认识，但学校里仍没有系统的STEM+课程。尽管在新闻报道中，有许多地方在进行STEM+课程的试点，编写出了系统的STEM+课程，但一直没有得到推广与应用。

目前我们在学校里所看到的推广课程，主要还是一些企业提供的机器人、无人机和3D打印机等设备，以及这些企业提供的课程。关于这些课程，缺少易操作、易推广、能解决实际问题的案例，缺少系统规范的课程建设。而且，这些企业所开发的课程之间有很高的壁垒，而且并没有与学校现有的基础课程相衔接。

综观学校的STEM+教育，仍处在理念启蒙阶段，大多数的课程仍是动手制作的内容，缺乏对STEM+教育理念的真正理解，既没有学习能力的训练，也没有教学模式的创新。

在学校开设这些课程的方向是对的，这说明学校管理者看到了信息时代对基础人才的基本要求。然而，STEM+教育中的任何一门课程都涉及诸多学科与内容，是一个多学科的系统工程，但目前企业开发的课程并没有注意到这一点，而且其开发的课程与学校里的国家课程不衔接，所讲述的课程内容与中小学生的知识水平和认知能力有差距，使得这些课程呈现出“揠苗助长”和“不接地气”的状态，课程产品宣传得多，应用得少，并没有取得预期的教学效果。

3. 课程内容重技术，偏离本质

STEM+教育的核心理念是跨学科融合，通过知识情境化，让学生综合运用学科知识，利用现有的工程技术手段，创造性地解决实际问题。目前，部分冠以“STEM+”的项目过分关注技术的酷炫、制作的高科技含量，而缺乏基础知识的融合、相关的工程系统性思维方式，以及符合中小学生水平的、简单实用的基本工程技术和工艺的使用介绍，使得STEM⁺教育有点偏离了其教育的核心与本质。

我们认为，在中小学开设STEM⁺课程，注重效果的展示和尽可能多地引进高新科技成果是应该的，因为这样可以吸引学生的注意力，从而激发学生的学习兴趣。然而，学习的目的是学以致用，一旦脱离了与实际生活相关的应用场景，偏离了大多数学生拥有的基础工程技术，不注重对学生思维能力以及分析问题、解决问题能力的培养，仅追求“酷炫”的高科技展示效果，以及少数天才学生在全国和国际比赛中的荣誉，那就偏离了教育的基本目标，陷入“华而不实”的尴尬境地。

4. 教学设计模式缺乏整合性

目前，国内大部分的STEM⁺课程都是企业和其他教育机构自己开发的，多是以信息技术为主的内容，与国家课程的衔接不连贯，课程规划的层次不够高，不同课程之间的兼容性较低，课程开放度不够。因此，学校不得不自己去研发STEM⁺课程，而大多数教师关于工程技术的知识储备与实践经验不足，在研发课程时难度相当大。

STEM⁺教育项目是以“工程”的思想和模式让学生在“做中学”，但基于问题或项目的学习在中小学才刚刚起步，学校教师与企业派出的工程师之间的教育理念不同，相关项目的教学设计模式并不健全，即使许多学校采用了企业或其他教育机构的课程，也会将课程安排在社团活动或是课外活动中，以免这些STEM⁺课程引起现有教学体制的混乱和冲突。

我们认为，在中小学引入STEM⁺教育不是要增加学生的课程数目，更不是要增加学生的学习负担，而是要通过将国家课程与现实生活相结合，让学生能够从不同的角度全方位地认识事物，同时将学到的科学知识，结合工程技术的发展、信息技术的作用学以致用。引入STEM⁺课程，对学生学习效果的考核标准就提高了，对相应的课程设计的要求也就更高了，但目前能够形成比较好的教学设计的教师却较少。而且STEM+教育是面对全体学生的，学生之间差异较大，这更加大了形成教学设计的难度。学习STEM+教育课程不是为了让学生掌握多少工程技术知识，而是为了让学生学习分析问题和解决实际问题的思路、方法和技能。这都对课程安排和教学设计提出了相当高的要求。具体的课程设计规划和研发，需要在工程技术与教育专业单位的支持下，与学校、科研单位及企业中的工程师一起，共同进行具体课程的开发与落实。

5. 缺乏对应的考核与评价

对于新兴的STEM+教育，现在还没有完整的评价体系，缺乏有效的评价，因此，学校在探索STEM+教育的过程中，还需要逐步建立起相应的考核机制与评价体系，从而能够衡量STEM+教学的效果，并根据考核、评价的结果，完善STEM+课程和教学方式。在对STEM+课程的考核中不但要有内容和指标，还要有等级标准。

6. 缺乏师资和培养

绝大多数学校没有专门的推进STEM+教育的教师，有的学校虽有科技辅导员，但在学校的地位通常是被边缘化的；而且这些教师没有经过系统的STEM+教育培训，其教学方式更像是科普课或劳动技术课，无法达到STEM+教育的要求。目前，师范类大学很少有科技教育方面的专业，更没有关于STEM+教育的专业，即使学校非常重视STEM+教育的师资问题，也无法立即招聘到合格的教师。而外来的课程教师，尤其是从企业聘来的工程师，虽然在工程技术上很熟练，但是对基础教学不熟悉，对学校文化缺乏理解与融合，难以与学校教师形成教育合力和课程开发共同体。

期望学生怎样去学习，就需要教师按照这样的方法去教学。教育行业的供给侧改革，就是要对传统的教学方式做出必要的改变。STEM+教育不是知识的单向传播，更不是单一的理论说教，教师要以自己的行为来展示STEM⁺教育的方式和效果，让学生能够感同身受，从而提高学习的兴趣和积极性，学到更有效的学习方法。

另外，教育过程不同于真实的科学研究和工程实践。在将STEM⁺教育引入科学课堂时，我们需要考虑：技术和工程部分的教学目标是什么？评价标准是什么？融合STEM⁺教育的教学方法与策略是什么？

对于上述问题，从中央到地方都在努力寻找解决方案。

为配合国家战略，中国教育科学研究院建立了STEM教育研究中心。2017年9月18日，中国教育科学研究院STEM教育研究中心组织召开了《STEM教师能力等级标准（征求意见稿）》（以下统称《标准》）专家论证会。《标准》共分为七个一级指标，即STEM教育价值理解、科学与数学应用、工程与技术实践、跨学科理解与实践、STEM课程开发与整合、STEM教学实施与评价、STEM环境创设与利用，二级指标是对一级指标的进一步阐释和细化，共同构建出了STEM教师能力的专业画像。随着这个等级标准的完善和落实，对STEM教师的培养和选拔也就有了基本的依据和考核标准。

STEM教育研究中心还发布了《中国STEM教育白皮书》等相关成果。2018年6月19日，《STEM课程标准》专家论证会在中国教育科学研究院举行。会上提出建立课程标准，可以确立准确的方向，使一线教师在设计和开展STEM教育中有所依据，也可对机构推行的STEM课程进行评估，让这种教育更专业、更纯粹。

据清华大学附属中学校长王殿军介绍，《STEM课程标准》按照基础教育分学段进行设计，并以从《以大概念理念进行科学教育》一书中提炼的十大概念为统领，贯穿五个学段（小学1~2年级学段、小学3~4年级学段、小学5~6年级学段、初中学段、高中学段）。《STEM课程标准》还突出STEM的特点，每个大概念均从科学、技术、工程实践、数学应用以及其他综合能力几个方面阐述，并附有STEM课程案例。除此之外，《STEM课程标准》还可用于开发设计新课程、改进提高已有课程以及评价认证。在相应的标准公布和落实之后，系统地开发STEM课程、设计教学结构和考核方式就会有模板、有依据，可以对现有的各种已经开发出来的STEM课程进行系统整合，起到像信息服务行业里系统集成那样的作用。同时，教师在教学时也可以“有法可依”。

STEM+教育对教师提出了更高的要求，教师不仅需要转变教学方法，还需要了解多领域的知识，能够以问题驱动学生的学习。在最先提出STEM概念且经济发达的美国也缺乏相应的师资，也要通过加大科研经费投入和加强教师培训来解决、改进。我国也需要重视对这方面人才的培养。

STEM+教育需要依靠广大教师来实施和落实。将工程师引进中小学进行STEM+课程教学，是权宜之计，效果并不理想。而引导不同学科的教师共同参与STEM+课程的设计，目前来看是比较好的做法。为了更好地增强教师的科学技术水平和教学设计能力，尤其是对STEM+课程教学的能力，需要对STEM+教师进行有针对性的培训。

STEM+教师不但要更新教育理念，也要在教学方式上做出改变。要想让学生进行综合式、探究式的学习，教师自己要先学会这种学习方法，并展示出榜样的力量来。

我们怎样培养教师，他们就会怎样去教育学生，教育的变革需要从培养教师开始。

STEM+课程不是简单的学科课程的叠加，其课程建设要在多种学科融合上下功夫。STEM+课程的启动，直接受益者是学生，但也一定要调动教师的积极性，让教师伴随着课程建设与学生共同成长。

第二章

STEM^{+}教育的课程模式

第一节　STEM⁺教育之展望

一、国际新媒体联盟的《地平线报告》

自2004年以来，新媒体联盟每年都推出高等教育版、基础教育版的《地平线报告》，提出未来一到五年中可能会被广泛应用并对教育发展起到重要影响作用的六项技术。《地平线报告》关注技术与教育的结合，预测短期（1年内）、中期（2~3年）、长期（4~5年）三个时间段里哪些关键技术会对教育产生较大的影响。从2015年开始，《地平线报告》拓展了形式和内容，不仅预测六项具体的关键技术，还预测技术融入教育之后将出现的六种趋势和六项挑战。

1. 技术融入教育将出现的关键趋势

表2-1　技术融入教育后将出现的趋势

时段	2015年《地平线报告（基础教育版）》	2015年《斯堪的纳维亚学校技术展望》	2016年《中国基础教育技术展望》	2017年《地平线报告（基础教育版）》
长期趋势	重新思考学校运作模式	进入学校的新行业持续增加	学生从国内消费者转变为创造者	推动创新文化深度学习策略
中期趋势	学生从国内消费者转变为创造者	数据驱动学习和评价体系的兴起	日益注重学习的测量	日益注重学习测量重构学习空间
短期趋势	更多应用混合式学习	数字化测试范围拓展	开放教育资源快速增加	编程作为一项专业素养STEAM学习兴起

2. 技术融入教育后将出现的关键技术

表2–2　教育行业里将应用的主要技术

时间	短期（1年内）		中期（2~3年内）		长期（4~5年内）	
2009年	移动设备	云计算	数字地理	个人网络	语义感知应用	物联网
2010年	云计算	协作环境	游戏学习	移动学习	增强现实	柔性显示
2011年	电子书	移动设备	增强现实	游戏式学习	基于手势的计算	学习分析
2012年	移动设备应用程序	平板电脑	基于游戏的学习	学习分析	基于手势的计算	物联网
2013年	慕课	平板电脑	游戏与游戏化	学习分析	3D打印	可穿戴技术
2014年	翻转课堂	学习分析	3D打印	游戏与游戏化	自我量化	虚拟助手
2015年	自带设备	创客空间	3D打印	自适应技术	数字徽章	可穿戴设备
2016年	云计算 翻转课堂	创客空间 移动学习	3D打印 3D视频	学习分析 慕课	自适应技术，智能评分技术	虚拟及远程实验室； 可穿戴技术
2017年	自适应学习技术	移动学习	物联网	下一代学习管理系统	人工智能	自然用户界面

从以上表格中，我们可以发现，在大数据分析与人工智能等新兴科技基础上建立的学习分析和自适应等可以用于教育的技术在逐步前移。换句话说，大数据分析与人工智能等新兴技术离我们的教育越来越近，将会在不远的将来在教育中起到重要的作用；而从孔夫子时代就一直保持了两千多年的传统教育形态即将发生根本性的变化！

3. 2017年《地平线报告》提出的六项关键挑战

（1）可解决的挑战

可解决的挑战即我们可以理解，且知道解决之道的挑战。

① 怎样开展实景体验式学习

就像电影对人群的影响大于小说一样，在教学过程中，模拟场景或以虚拟显示技术呈现的虚拟场景也能够起到一点实景体验效果，对提高教学效果也是有所帮助的。人工智能的虚拟现实和增强现实的技术也可以模拟出某些体验性很强的“实景”效果，学生在这样的“浸入”环境下学习，能够有效地提高学习效果。

② 如何提升数字化素养

随着人工智能技术的不断完善和广泛应用，学生不但要学习数字化技术，而且需要学习数字化技术的思维方法和应用方式，利用大数据分析来指导自己的学习进程，改善自己的学习方式。

（2）有难度的挑战

有难度的挑战主要指那些我们可以理解，但还没有找到解决方案的挑战。

① 怎样重构教师角色

技术的介入，使得知识的地位发生了改变，教师的地位、教学方式也要随之发生改变。教师需要不断地研究学习方法，同时，学校需要建立相关机制让教师可以跟踪相应的进展，并收集建设性的反馈意见。教师在课堂上的创新证据可以纳入相应的研究，而教师的成功实践又可以帮助其他教师改善课堂教学。

② 如何发展计算思维

对计算思维的培养基本处于起步阶段，在计算机科学领域之外，国际公认的定义现在还没有建立起来，而且缺乏把这样的概念和各级各类的教育进行有效融合的成功案例。同时，教师还没有准备好把“计算思维”融入他们的教学中。研究人员认为教师的职前教育需要增加更多的教学内容、教学方法及教学策略来让计算思维培养变得更具实效。

（3）严峻的挑战

严峻的挑战指那些非常复杂、很难解决的挑战。

① 怎样弥合学业成绩差距

随着大数据分析技术应用的推广与普及，教育工作者可以知晓哪些因素可以对哪些学生产生积极的影响，从而设计出有效的教学方案来弥合不同学生在学业成绩上的差距。

② 如何在领导的变更中保持持续创新

学校如果要实施新的教学方法，稳定性是取得长期成功的关键因素。

【思考】

1. 从《地平线报告》的内容中能读到什么信息？

2. 新技术的发展是否已经影响到了教学？我们是否要改变？若要，该如何改变？

3. 哪项技术将改变教师的教学？

4. 你对哪项新技术的印象最深？在自己的教学中是否运用过？为什么？

二、教育信息化的八个预言

美国苹果公司创始人史蒂夫·乔布斯曾在20多年前就预言：互联网将会无处不在，互联网将会成为人们绕开中间商的强大工具、电子商务将是网络上最重要的活动等。他的这些预言今天都实现了。信息化的发展对教育的影响更是在不断的预言中不停地发展着。

倪闽景先生做了一场关于“教育信息化的八个预言”的精彩讲座，对乔布斯的预言做了更为具体的教育信息化设想。

预言一：屏幕成为学习的主要介质。

虽然出版人还在眷恋纸质书散发的淡淡清香，挑剔着电子阅读器这样或那样的缺陷，但这类技术的难题终有一天会被解决。面对各种屏幕的阅读和学习将成为未来的常态，由此带来的是，书籍从信息组织方式、语言叙事到传播方式将被全面颠覆。

预言二：学习过程就是数据产生的过程。

学习是一个知识信息传递与重构的过程，其中的每个阶段都会产生大量的数据。随着现代技术的发展，人们可以利用现代科技手段对这些数据进行自动化的采集和记录，利用区块链技术进行存储，再利用大数据技术进行分析、总结、归纳和应用，促进学习效率的提高，并将大数据应用于更多的相关领域。

预言三：教室可以向学生学习。

用科技手段将学习过程逐一记录下来，作为知识资产传递给下一个学习者并进行自我改进。教室通过不断记录进行学习，变得越来越智能化。

预言四：数字化学习产生全新学习模式。

未来的学习模式不再是教师讲、学生听的单向模式，也不仅仅是纸和试卷的题海模式，各种有利于传授和整理知识的方法，都能成为学习的新模式；除了慕课和翻转课堂外，互动游戏学习、数形结合、探究建模、跨时空协作和问题探究，以及各种人工智能技术等，都可以在学习模式的探索中起到重要作用。而那些能够影响学习效果的渠道和模式，也在不断地探索和完善的过程中。

预言五：互联网思维注入课程教学。

如今，互联网颠覆了商业、制造业、金融业、娱乐业等几乎所有领域，传统思维模式在互联网面前显得如此不堪一击。虽然教育界对互联网的渗入极为谨慎，但还是认同了资源、互动、个性化、分享、大数据分析等互联网思维模式。未来，课程将进入超个人化时代，会出现一个人的书本和课程，从而填补信息化社会与课程间日益增大的鸿沟——用课程的超级多样化填补课程真空。

预言六：学习者盈利将成为可能。

这个预言基于一个简单推理：假定教育的需求是个稳固的市场，那么为满足需求而产生的供给（学习资源、课程等）就理应获得经济回报，美国教师课件互换网就是一个很好的例证，而这种教育资源互换盈利的范围将在未来不断扩大，可谓“目光聚集的地方，金钱必将追随”。

预言七：从提供资源到提供工具与平台。

今后，学习者将主导教师使用的工具和平台。随着科技装备和技术的日新月异，服务行业的新工具将日益增多，更多的工具将用于教育，更多的平台将提供教育服务。而教育的重点也从资源的寻找和集中，变成如何对资源进行整合，提高资源的利用率，而这些整合工作就需要有一个更大的公众平台。

预言八：低结构成为信息化设计主导思维。

随着人工智能技术的发展，教育将变得随处可见、随处可教、随处可学，不用再进行复杂累赘的程式化导入，并且内容的形式、载体、呈现方式等也将变得异常多变和丰富，这就是智能化造就的低结构教学理念。

【思考】

1. 在你的生活中，哪些预言已经实现了？

2. 对于教育，你还有哪些预言？

3. 你认为教育的信息化应该如何发展？理由是什么？

4. 教育信息化给教学带来了什么？

三、未来学校的预测

在《学校的五大预测，大势所趋》一文中，倪闽景先生认为，现在我们已经从工业社会逐步过渡到了智能社会，它是现实与虚拟重混的社会，几乎每个人都有两个角色，一个是现实社会中的自己，一个是虚拟社会中的另一个自己，甚至可能在网站上你“认识”了某人很久，却从未见过。人和信息快速交互，世界成为一个村落。基于此，他对未来学校提出了五个预测。

预测一：可以变得更聪明的学校。

谷歌利用搜索改善它的人工智能，越搜索越聪明。那学校怎样变得更聪明呢？学习就是信息传递与信息重构，只要让学习的过程称为数据产生的过程，那么学校就可以越变越聪明。

学校通过新技术采集学习数据，并用大数据方式分析每个学生的状态。大数据分析技术可以帮助我们更好地了解更“真实”的学生和教育，现在的一些技术已表明：适当的剧烈运动有利于提高记忆力；数学能力和阅读量直接有关；每天自由阅读半小时的孩子学业成绩更优秀……聪明的学校就是能够自动为学生提供需要的学校。

预测二：学习组织形态重混。

应重视三个现象：全球范围的连接、线上线下混合和名人对学习的效应。

互联网技术打破了地域与时空的限制，让教育的形态与组织可以进行重新组合。教育资源可以在全球范围内找寻，知名优秀教师的学生也不再局限于一间教室和一所学校里的学生。

例如某个明星，许多教师可能不认识，但学生们都很熟悉，此明星若在外滩一个邮筒的旁边拍一张照片发到微博上，此后很多人会去其拍照的邮筒那里拍照。大家有没有想过明星效应在学校教育中将产生怎样的影响？

1万名教师和100万名学生的排列组合，就可以让这100万名学生都能够找到适合他们需要的、有针对性的课程，而且课程排列总数可能会达到100万的十倍和百倍！

预测三：学习不可复制的知识。

学生在学习过程中，会促进大脑的继续发育，产生更有利于下一个阶段学习的连接，不仅学到书本知识，还学到许多不可复制的知识：自信、选择、健康、沟通、提问、娱乐、分享、有趣，而这才是学校学习的大趋势。在信息化时代，社会需要的人才不但要有科学知识，更需要有能力，能够利用自己的知识去解决问题。

预测四：低年级融合，高年级流动。

低年级的学生需要有一个安定、安全、信任的学习环境，知识基础具象、贴近生活的较好。从这个意义上来说，最好是有稳定的教师和贴近生活的课程内容，课程更多体现融合性，以主题教育为线索。倘若教师不懂那么多的学科知识，完全可以借助技术手段来获得帮助。

高年级学生的基础和兴趣差异拉大，高选择性、分层走班、分类教学、模块化教学可以造就一个流动的环境，使学生可以获得不同背景的同伴的激励，有效提高学习的积极性。现实中组织和评价困难的问题，则可以利用现在迅速发展的信息技术自动进行过程记录，让学生的个性化选择和评价变得相对容易。

预测五：升学基于信任而非分数。

从逻辑上来说，升学是人才甄别和选拔的结果。

应试教育是工业化培养人才的一种体现。在信息缺少的情况下，只能用考试的方法获取信息，我们也需要以考试分数作为评判人才的依据。

但是对于一个人的评判，仅仅靠考试分数是远远不够的，而且跟不上技术的发展步伐。以哈佛大学的录取标准为例，在考试分数之外，个性特征、领导力、创造力、体育才能、责任心等参数也是录取学生的标准之一。

这些标准不易量化。但是进入信息时代后，在学生的生活和学习中产生了大量信息和数据，尤其是数字化学习所产生的全新学习模式下的学习数据，可以反映一个学生的真实价值观和兴趣特点，这些在学生学习和成长过程中所记录的数据，将作为学校录取学生最重要的依据，并最终使得升学基于信任而非分数。

所以，我们可以对这个“预测五”做出进一步推论：在教育信息化时代，升学和职业发展方向的依据将是教育大数据的分析结果。

【讨论】

1. 在未来的学校里，教师最需要改变的是什么？如何才能让学校涌现出更多的“学神”？

2. 每个学生是否都知道自己应该去学习什么知识？如果教师和家长没有安排课程，学生自己是否能够规划学习内容？

3. 学生自己规划学习内容的依据是什么？

4. 如果大数据能够帮助我们更好地了解更“真实”的学生和需求，那我们如何进行个性化、有针对性的教育，才能为学生的特长发挥与职业发展规划出正确的方向？

5. 大数据系统管理下的学校，怎样自动为学生提供所需要的学习工具和课程？

6. 如何才能让所有的学生都有效地发挥自己的优势？

据2017年6月9日的《中国青年报》报道：在断网、断题库环境下进行的真正闭卷考试限定下，人工智能机器人AI-Maths解答2017年数学科目高考试卷。机器人分别花了22分钟和10分钟答完北京文科卷和全国Ⅱ卷，得分分别是105分和100分。据分析，机器人的失分之处在于无法读懂自然语言，否则可以得满分。

机器人参加高考，引发了人工智能对未来教育影响的进一步探讨。目前的讨论重点集中在以下三个关键命题上。

其一，教师是否会被替代？人机结合将是智能时代最普遍的形式，教师能够利用人工智能做些什么？

其二，人工智能将对学习产生影响，人工智能不仅可以替代人类智能，还将改变人的思维方式。那我们的学习方式是否也需要改变？怎样改变？

其三，如果机器人都能够自己思考了，作为人类，为了更好地与机器人合作和利用机器人，就需要突出自己的优势，有应对未来机器人和人工智能广泛应用场景的能力。要做到这一点，就要重点展现创造力和创新思维，具体包括以下几点。

① 利用机器自主学习的能力。

② 超越机器，利用人的大脑进行探究性思考，培养在探索中提出问题的能力。

③ 社会交往能力。即使机器人替代人做了许多工作，但人不同于机器，人类还需要有必要的人际交往。

④ 虽然具有创新思维的机器人和人工智能代替了人类的重复劳动和部分思维，但无法代替人类去创新和创造。

⑤ 有谋划未来的能力。社会在不断发展，为了能够在发展过程中少走弯路，获得更好的地位，成为优秀的人才，就要有预见和规划的能力。

在人工智能时代，教师也必须与时俱进，保持学习的动力与欲望，不断更新自己的知识，与学生一起学习，甚至向学生学习。那些缺乏自主学习能力、提出问题能力、人际交往能力、创新思维能力和谋划未来能力的教师一定会率先被淘汰。

第二节　STEM$^+$课程的理论依据

构建STEM$^+$课程依据的理论很多，例如，建构主义理论、认知科学理论、问题结构理论、情境理论等，下面简要介绍几种。

一、问题结构理论

“问题”分为结构良好问题和结构残缺（或结构不良）问题两种。对于结构良好的问题，有一定的解决路径、模式和方法，学生能通过不断的学习和练习，形成解决问题的经验，以后遇到同样的问题时，凭着已有的知识或经验，就可以迅速解决。教学中的许多习题就属于此类。这就是我们平时要求学生坚持做作业、练习的依据。

对于结构不良的问题，不能用固定的模式、方法来解决，而是需要调动已有的知识、能力、经验等，甚至重新学习、不断尝试，才有可能解决，这就是智慧。在此过程中，很可能需要用到一些创新的方法，即过去没有使用过的全新方法来解决问题。生活中的大多数问题属于此类。人工智能的发展就是在不断增长智慧的基础上来解决问题。解决问题能力的培养可从解决结构良好的问题开始，不断进行解决结构不良问题的训练。

教育一定要以问题为导向，我们称其为问题式学习，包括两种模式：一种是以解决结构良好的问题为导向，称为QBL（Question –Based Learning），另一种则是以解决结构不良的问题为导向，称为PBL（Problem–Based Learning）。在现实生活中，两种模式均存在，在STEM⁺教育中，前者常用于刚开始的练习，在之后的学习中则更强调后者。

PBL起源于20世纪50年代的医学教育，它是一套设计学习情境的完整方法。具体来说，PBL有以下五大特征。

（1）从一个需要解决的实际问题开始进行探究式学习，这个问题通常没有固定的标准答案，需要对照各种相似的情况去寻找可能的解决方法或过程，这个学习过程也是探索的过程，这个问题被称为驱动问题。

（2）学生在一个真实的情境中对驱动问题展开探究，这个探究过程类似于医生问诊、警察探案、新产品设计或学科专家的研究过程。医生对病因的猜想需要有类似的病例或仪器检查的结果来证实，警察对嫌疑人的怀疑也需要有人证、物证来支持，新产品设计同样需要将技术方面的设想通过客户使用来验证，而学科专家的研究结果也需要有严密的计算过程和实验观察来证实。学生在类似的探究过程中认知、学习并应用科学的思想方法。

（3）对于那些不能依靠自己一个人解决的问题，联系教师、同学、家长或社区成员来参加协作性的活动，与人合作，共同寻找解决问题的方法，与专家解决问题时所处的社会情形类似。学生在协作过程中学会了团队合作。

（4）学生进行现实问题的探究，问题的难度要大致符合学生的能力水平，让学生“跳一跳摘到果子”，同时还可以提供一些学习技术、器材设备和相应的知识，或是提供某些技能给学生，让学生可以有效地进行问题分析，并提出解决问题的方案，提升能力。

（5）学生通过寻找解决问题的途径，激发创新思维，并利用创新思维和创新技法设计出一套解决问题的产品、方法。这些可以具体表述的结果既体现了探究性学习的效果，也是可以公开分享的物化成果。

同样，我们也可以把PBL学习形象地形容为破案式学习。

很多人在阅读柯南·道尔的小说《福尔摩斯探案集》时，都不禁对主人公福尔摩斯的能力感到惊讶。福尔摩斯第一次见到华生，很快就推理出他是一个从阿富汗回来的军医。为什么呢？因为华生具有医务工作者的风度，同时还有军人的气概，那他肯定是个军医。左臂动作僵硬，说明刚刚受过伤。当时什么地方刚刚打完仗，有可能让一个军医受伤呢？阿富汗。所以，结论就出来了。

福尔摩斯所拥有的信息虽然分散、碎片、不成系统，孤立地看没有用，但是他的PBL能力和逻辑分析能力很强，可以将这些散乱的知识整合起来，推理出华生是从阿富汗回来的军医。对福尔摩斯来说，对某个行业的知识可能有“盲点”，但他的知识面很广，基本上没有“盲维”。只要有一些线索，他就可以利用线索和线索之间的交叉关系，进行一步一步的推论，然后再加以验证。有了这种能力，福尔摩斯很快就能知道华生的底细，也能成为一名优秀的侦探。

按理说，现在我们有互联网工具可以利用，即使遇到那些结构不良的问题，似乎也能很容易找到答案。但我们很多人达不到福尔摩斯的层次，一个原因是我们的知识面不够宽，另一个原因就是我们利用线索和线索之间交叉关系的能力，即PBL学习的能力不够好。所以，学习如何分析问题和解决问题，是提高自己能力的必由之路。

一般来说，谁的专业能力越强，谁的收入就越高；在专业能力相当的情况下，谁知道的“杂事”越多，谁的收入越高。据说像地理知识、历史常识、冷门的体育术语，知道的人比不知道的人年收入要高。另外，在关于创新方法的介绍资料中也可以发现，同样是进行创新，涉及因素越多的创新，其创新的级别就会越高。

二、情境理论

人们在一定的情境下会积极主动地适应相应的环境，自觉约束、规范自己的行为，融入情境中。例如，在医院里，一般人都会遵守“肃静”的规则；在五星级宾馆里，大家都不会乱扔垃圾；等等。在“挑战”的氛围里，人们往往会“从众”，积极参与“尝试”。在STEM⁺教育中创设合理的情境，在课程的实施过程中则无须担心学生是否能主动并按照要求完成一系列的活动。

STEM⁺教育是一种典型的建构主义教学实践：为学生提供学习情境，让学生在真实的情境中对驱动问题展开探究，学生在探究过程中学习及应用学科思想。情境理论使学生投入问题探究中：设计真实性任务，强调把学习设置到复杂的、有意义的问题情境中，让学生自主探究、解决问题，从而学习隐含在问题背后的科学知识，积极地建构知识结构，强化对知识的记忆，促进知识的迁移，形成解决问题的能力和自主学习的能力。

学习是一个社会性的、实践性的，以差异资源为中介的参与过程。知识的意义连同学生自身的意识与角色，都是在学生和特定情境、学生与学生的互动过程中生成的。因此，学习情境的创设致力于将学生的身份和角色意识、生活经验以及认知性任务重新回归到真实的、融合的状态，解决传统学校学习中的去自我、去情境的顽疾。

情境学习是指在要学习的知识和技能的应用情境中进行学习的一种方式。换句话说，就是你要学习的知识实际应用在什么情境中，就应该在什么样的情境中学习这些知识，通过实践活动和实际应用来进行体验式学习。譬如，学习驾驶，就应该在公路上，哪怕是在仿真模拟的状态中，因为你以后就是要在道路上开车，仅仅学习交通法规和驾驶的操作规范是不能开车上路的。

【案例】“一带一路”主题活动运动会场景

深圳市天健小学即将举办一年一度的学校运动会，根据STEM+教育理念和情境理论，学校教师利用运动会的开幕式，开展了“一带一路”主题活动。

图2-1　学校运动会入场活动

图2-2　学生完成的各国简况及其体育特色

首先，要求每个班级选择一个国家，做一个关于这个国家的展板，介绍其简况和体育特色；同时，班级作为这个国家的“代表”，在运动会开幕式上展示这个国家的风采。由于这是一个很好的情境代入方式，且学校的要求并不具体，这便给各个班级的准备活动留下了很大的空间。活动中，学生能够有针对性地查找所“代表”的国家的资料，并在此基础上充分发挥想象力，设计出具体的展示方法。

由于将“一带一路”沿线国家的情境带入了运动会的开幕式当中，学生都通过身份代入沉浸在特定的情境之中，争强好胜的心理促使学生努力查找资料、展示所代表的国家的特色，从而获得了很多地理、历史、文化和人文方面的知识，在“玩”的过程中学习了知识。

这种主题活动很受家长的欢迎，许多家长都积极参与其中，学校活动演变成了一场亲子活动。

三、“心流”理论

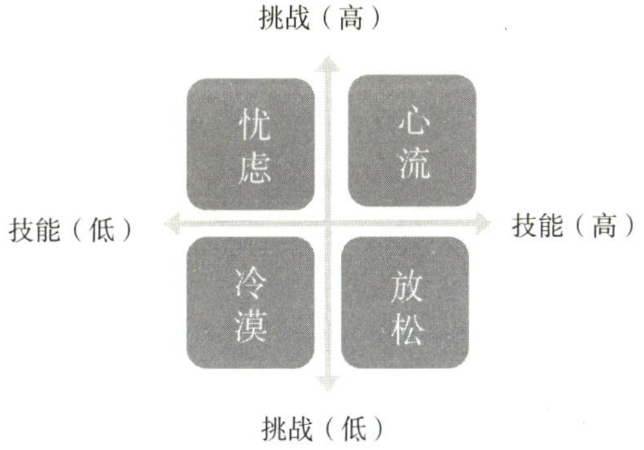

图2-3　“心流”状态

“心流”是心理学家对一种特殊感觉的定义，即把个人精神气力完全投注在某活动上的感觉。心流产生时参与者会有高度的兴奋及充实感。

通俗地说，心流就是人们全身心投入某件事的过程中的一种心理状态，如演员在演出时、厨师在烹饪时、运动员在比赛时、设计师在做设计图时都可以产生心流；而人们处于这种近乎“忘我”的情境中时，往往不愿被打扰，即抗拒活动被打断。

各种游戏、尤其是电脑游戏，对人性的把握相当准确，利用“心流”理论进行设计使得游戏者沉迷于游戏中难以自拔。

当人遇到挑战时，假如任务的挑战水平较低，人相应的技能水平也较低，那么接受这一挑战的人可能出现冷漠甚至无所谓、无聊等情绪；假如任务的挑战水平较低，而人的技能水平较高，那么接受这一挑战时就会出现轻松的感觉；假如任务的挑战水平较高，而人的技能水平较低，那么接受这一挑战时就会出现忧虑甚至焦虑的情绪；当挑战与能力相匹配，既有挑战的刺激，又有“跳一跳就能摘到桃子”的感觉时，人就会兴奋、激动，产生愿意付出努力的冲动，进入“心流”状态。也就是说，对应不同的挑战，不同的技能水平者会产生冷漠、无聊、放松、焦虑、忧虑、兴奋、激动等情绪。

在“心流”理论中，技巧和挑战是最重要的因素，它们之间的匹配最关键。心流的具体特征包括愿意去从事某事；愿意花费更多的时间，保持专注；活动的目标清晰、明确、可测；有及时反馈、评价、激励等；对活动能自主、有一定的控制权限；在进行活动时，可以潜心投入；对时间的主观感觉改变，即使进行很长时间的活动也感觉不到时间的消逝。

在教育领域，倘若我们能利用“心流”理论，设计出适合学生的学习活动，就可以有效调动学生学习的积极性。而每个学生的学习过程，也是对学生某一方面能力的测验和评价过程。教育大数据的积累，以及人工智能技术的发展和应用，使这种测验过程有了实现的可能。因此，STEM+教育课程的内容既要基于现实生活环境，又不能完全超越学生的能力范围，尽可能保持教学活动设计既有挑战性又与学生的能力相匹配，这样就可以让学生达到“心流”状态。

【练习】回顾自身工作中产生过“心流”的活动设计，然后再设计一项能够让学生产生心流的STEM+教学活动。

第三节　STEM⁺课程的特点

一、“课程”与“活动”

学校会组织很多活动，如升旗仪式、课间操、社团活动、体育活动、春游活动、秋游活动等，这些活动可能是某些课程的一部分，但很多不具有课程的特点。

课程可能由许多活动组成，但课程不同于活动，它有明确的目标、具体的教学内容、完整的教学过程与预设、明确的评价环节。

例如，学校组织的春、秋游活动，本是综合实践活动课程中的社会实践活动内容，但在具体操作过程中，往往由于活动的目标不清晰，没有具体的教学内容，对于活动过程与结果缺乏评价，导致学生对为何选择该前往地点及实践活动的内容、如何评价活动的过程和效果等，不是特别清楚，只是跟着大部队在活动基地游玩、游戏一番就结束了。那么这实际上就只是一项活动而已。如果要保证社会实践活动具有课程的特点，就应有“课程的设计”：学生调研分析前往地点的可行性、参与活动的设计、明确活动期间的任务、了解完成这些任务有哪些具体的指引、明确展示任务完成情况的方法、明确如何评价任务完成的过程与效果等。

目前，很多学校虽然开展了许多选修课或社团活动，但由于缺乏目标、任务和评价，再加上对学生的水平缺乏评测，导致活动的效果大打折扣。

课程离不开活动，但若要使活动成为课程，那就一定要按照课程的要素去设计。

二、“校本课程”与“校本化实施”

《基础教育课程改革纲要（试行）》中指出：“为保障和促进课程对不同地区、学校、学生的要求，实行国家、地方和学校三级课程管理。”这相当于将课程的一部分管理权限下放到地方、学校，逐步解决了课程管理“过于限制”的“大一统”的问题，地方、学校可以根据自身的资源条件适当调整课程内容与顺序。于是我们在学校看到了“校本课程欣欣向荣”的局面，许多学校争先恐后地开发了N门校本课程。确实，校本课程的开发对于充分利用学校的教师、家长、区域环境等优势资源、发挥学生的个性特长，有非常重要的意义和作用，但也难以避免地出现了一些误区。

（1）认为校本课程一定要出版教材，有纸质教材才能算是校本课程。

（2）校本课程的内容一定是在国家课程之外的课程，如根据本校教师的特长设置的烹饪、编织等课程，或采购第三方的棒球、编程、机器人等课程。

（3）校本课程只是部分人参与的课程。

（4）课程改革应当是国家课程不动摇，只在校本课程上改变。

殊不知，这种校本课程开发的思路严重影响了学校课程的发展，学校为了追求课程的数目而忽视了课程的目标，而且无端地增加了教师、学生的负担。

国家课程是学校实施课程的重要组成部分，国家公布的课程标准只是全国范围内的基本要求，各省、市（地区）的学校可根据本区域的特点自行调整。例如，不同区域的植物可能不同，不同地区在“认识植物”的教学过程中应因地制宜，利用当地的、学生熟悉的植物达成教学目标。

对于国家课程的内容，还可以进行顺序的改变、不同科目的组合调整。例如，可以将语文、科学、音乐、美术等学科中有关“四季”的内容，调整在同一时段内以跨学科组合的方式进行，让学生对“四季”有更全面、深入的了解。在此基础上，学校可以安排其他活动，如春、秋游活动，让学生带着课堂上讨论的问题、带着疑惑去进行一系列探索。这样，活动的课程性会不断显现，学校课程的特色会不断明显，从而形成了自己独特的校本课程。

当然，这种国家课程的校本化实施，不能完全满足教师、学生的个性化需求，那么，学校可以再适当增加一些特别的选修课，作为校本课程的补充。

校本课程的开发，应该是最大限度地在国家课程的基础上进行校本化实施，而且可以跨界、跨学科进行。

$STEM^+$教育就是符合国家课程校本化实施的好的途径之一。

$STEM^+$教育方式应该是国家课程校本化实施的方式，是面向全体学生，提高学生整体素质和能力的教育方法。$STEM^+$教育不应局限在学校的社团活动中，也不应仅仅是为了宣传、展示和表演的活动，而应是面向全体学生，旨在训练全体学生的思辨能力，提高他们综合运用工程技术知识能力，以及用创新方法解决实际问题能力的活动。

有关物体颜色的课程是初中物理中的内容，也是物理学习中的一个难点，因为学生很难理解“物体的颜色不是它本身的颜色，而是它反射出来的颜色”这一理论的内在逻辑，这时便可利用$STEM^+$课程进行教学，如通过不同颜色的激光能够爆裂不同颜色的气球，但不能爆裂相同颜色的气球的实验，引导学生先进行分类，并将实验结果统计出来，让学生在统计过程中发现激光颜色与被爆裂气球颜色之间的规律。

把统计与分析工作交给学生，让学生对信息进行归纳和整理，最终发现规律。倘若学生认为信息不够完整，也可以继续探索，或在互联网上搜索相关的信息，将知识信息拼图完整化。在获得相对完整的知识信息之后，让学生对自己尚不完整的知识库进行分类和整理，并对这些知识内容进行相互验证，通过必要的逻辑推理形成初步判断。然后再让学生将这个初步判断应用到对整个实验现象和结果的分析中去，倘若能够合理解释所有的实验现象，则可以认定学生分析的结论是正确的，也就可以成为学生自己的知识系统。同时也能够让学生体验和理解“像科学家一样思考”的含义。

这种将STEM+课程与国家课程相联系的学习方法，不但能够让学生的自我探索得到正确的结果，牢固掌握国家课程当中相关的知识模块，而且能够让学生通过分析和推断，学习科学家那样的思考方法。而这些思考方法将有助于学生提高思辨能力。

结合国家课程的教材内容，结合当地实际搜集和处理素材，创设熟悉的生活化的任务情境；深入挖掘教材的逻辑关系，有效整合各个知识模块和各种技能点，提高学生分析本地常见行业问题的能力，也是STEM+教育的基本理念。教育发展的方向，应该是教育的效果越来越好，让学生的学习过程越来越轻松越有效率。这个方向也就是教育改革和新型课程设计与规划的方向。

STEM+教育主张将技术作为认知工具，融入到教学的各个环节中去，培养学生善于运用技术解决问题的能力，增强学生驾驭复杂信息、进行复杂建模与计算的能力，从而支持深度学习的发生。而STEM+教育作为一种新的教育理念，需要有与其对应的课程内容，以及与课程内容相协调的教学方式。

中国教育科学研究院STEM教育研究中心制定的《STEM课程标准》，明确了STEM课程的定位，使一线教师在开展STEM课程教学和进行教学设计时有了依据，从而确定了STEM+教育在现有的环境下应如何在学校落地的问题。课程标准的建立，促进了STEM+课程的建设与发展，对教育机构所推行的课程也有了评价的依据，促进了STEM+课程与教学的规范化与专业化，改善了社会上STEM+课程滥竽充数、良莠不齐的问题，为学生的学习成长提供了保障。

由于STEM⁺教育采用的是PBL教学法，其教学设计就需要能够寻找并设计出一个真实的问题，供学生去探究，从而培养学生的思辨性思维、创造性思维和建构跨学科知识地图的能力。

正如我们之前所提到的，以问题为导向的教学方法，是基于现实世界的以学生为中心的教育方式。学生在真实的情境中对问题展开探究，其解决问题的过程类似科学家思考和研究的过程，在探究过程中学习及应用科学的思想方法。教师和学生共同参与活动，一同寻找解决问题的方案，与工程师遇到技术问题时寻求创新解决方案的场景类似。利用系统的逻辑思维方法学习工程技术知识，给学生提供了解决问题的途径与支点，帮助学生在参与探究和协作的活动中提升了解决问题的能力。最后学生还要创制出一套能解决问题的方案和作品，即课堂学习成果。而PBL教学法也可以成为STEM⁺教学设计的基本流程和方法。

由于STEM⁺教育的PBL教学法需要因生而异、因地而异、因师而异，因此形成了“教师即课程”的情况。多元的学生个性、多元的发展需求、多元的教学环境，要求教师必备课程开发能力，必须成为课程的开发者，不断地发现和挖掘资源，设计多元课程，满足学生的个性需求，吸引全体学生参与，与学生一起进行真实问题的探究，从不同的角度来分析实际问题，探讨解决问题的创新方法和知识应用方式，用STEM⁺课程引导学生不断向前奔跑！

【案例】“‘一带一路’的植物”主题课程设计

一些小学位于城市中心，距离城市的公园和植物园比较近，且博物馆也经常举办地方植物资源的特色展览。为了充分利用这些资源，在科研机构的帮助下，许多小学开发了与植物相关的“一带一路”校本特色课程。

在课程内容方面，有的学校还设计了与植物相关的科普剧。如学生穿越到了古代某朝，想吃一些平时非常普通的食物时才发现没有，而这些食物是在以后的某个年代通过“一带一路”才传入的。通过这样的戏剧冲突，可以更好地展现“一带一路”对我们生活的深刻影响。

在课程设计和教学方式上，“‘一带一路’的植物”主题课程将重点放在植物引种交流上，不同种类的植物被引种到另一个地方之后，通常都能给当地的作物种植带来新的变化，为当地人带来全新的体验，为食物结构加入新元素，同时为当地的经济发展助力。尤其是在明清时期，玉米、番薯等旱粮作物的引种和种植，从根本上改变了种植地民众食物不足的困境，解决了山区越冬食物不足和春荒的困难；同时，两种作物种植的极度扩张，也促进了中国人口的大幅度增长。

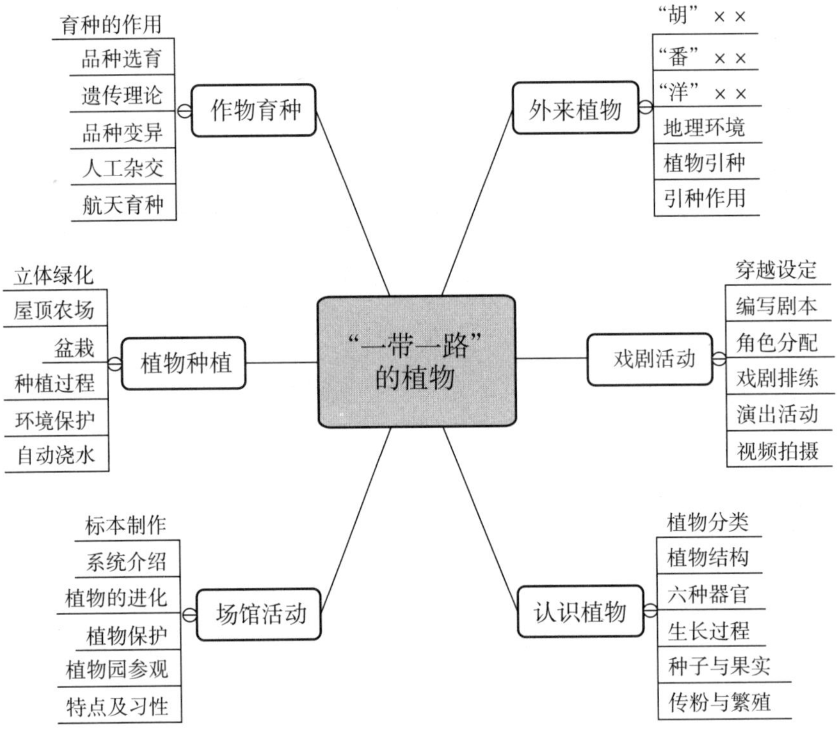

图2-4 “‘一带一路’的植物”主题课程设计

“‘一带一路’的植物”主题课程不仅涵盖作物种植、食品、人文交流和历史文化等方面的内容，还涉及政治、经济等诸多领域。这样广泛的知识领域，就给教师教学提供了广阔的范围，教师进行教学设计时可以突出自己的长项，在特定的几个领域中进行探究性学习的教学，让学生学习到思维的方法，在有了兴趣和能力时，再去探索其他领域和范围。

如果各方面条件允许的话，还可以在“‘一带一路’的植物”主题课程上继续拓展，将现在的人工智能引入课程中，向小学生普及人工智能的基础知识，让学生学习如何应用。

具体的课程设计可以这样考虑：植物的生长需要有足够的阳光照射、适合的温度、充足的水分和优良的土壤环境。这里的各种条件，如“足够”“适合”“充分”“优良”等都是形容词，在人工智能领域里，都是需要量化的。利用人工智能的理论指导和现代科学的各种传感器，我们可测量在某一特定植物种植处的光照时间，每天的最高、最低和平均温度，土壤中的水分及主要营养素的含量变化，并且在植物科学家的指导下，记录并分析植物生长与各种条件参数的关系，运用人工智能来总结和归纳植物生长的规律，从而学习人工智能的基本技术与基础思想方法，同时为更好地种植某种植物筛选出更适合的条件参数范围。

三、STEM⁺课程的追求

北京师范大学余胜泉教授曾提出STEM教育的九大核心特征：跨学科、趣味性、体验性、情境性、协作性、设计性、艺术性、实证性、技术增强性。我们根据STEM⁺教育的本质，增加了“无边界性”，并进一步拓展、阐述其课程的追求。

1. 突破学科界限的限制

在STEM⁺教育中，不再将内容局限于某一学科内，也不再关注现有学科之间的界限，而是将探究和教育的重心放在预先设定的问题上，既基于学科运用科学、技术、工程或数学等不同学科的知识，又超越学科利用不同知识之间的相互联系和思维逻辑方法去解决实际问题。教师要引导学生跨越学科界限，融合多学科知识，提高学生全面认识事物及综合应用不同学科知识去解决实际问题的能力。从将来的发展角度看，培养思辨思维和分析解决实际问题的能力，是学生在STEM⁺教育中的最大收获。正如我们在前面提到的，要融合多学科知识，全面认识事物的特性，为结合工程技术现状，探讨运用知识解决实际问题的可能性提供条件。

2. 有趣优于有用

学生的主动性越来越强，逐步从“被教”向“主动学”转变。在主动学习的过程中，学生对课程的趣味性的要求会越来越高。过去我们强调知识的实用性，然而当实用性达不到要求时，学生对学习的内容就会产生怀疑。而STEM⁺教育在课程实施过程中要求设计有趣的问题，将多学科知识融入具有挑战性、与学生生活息息相关的问题中。当问题和活动的设计具有挑战性，尤其是当问题的挑战性与学生的能力相匹配时，问题解决的过程就能让学生产生心流，使学生不但富有成就感，而且能够结合实际问题的解决感受到其现实意义。STEM⁺教育强调分享、创造，强调让学生体验和分享在学习过程中获得的快乐与成就感。有的项目还把STEM⁺教育内容游戏化（将游戏的元素、方法和框架融于教育场景），因为将基于探索和目标导向的学习嵌入游戏中，有利于发展学生的团队技能，也有利于学生展现自己的能力与优势。

在职场上，兴趣面窄的人往往发展后劲不足。很多人本职工作做得很好，如果本职工作有要求，也会去读书学习，但和本职工作不相关的，就没有太多兴趣了。在职场初期，这些人还可以因为工作努力而进阶；几年后，需要进入“领导阶层”的时候，涉猎领域窄的人往往就会遇到瓶颈，因为他们在技能、判断力和战略能力上达不到要求。

3. 过程重于结果

有人说：经历比学历重要，成长比成功重要，也就是过程比结果重要。与传统的接受性习得抽象知识相比，STEM⁺教育更强调让学生动手、动脑，积极主动地进行探索学习。STEM⁺教育给学生提供了探究的机会、动手操作的学习体验、应用所学知识的机会。当学生面对真实有趣的问题时，可以通过探索体验、设计创造、合作建构、成果分享等活动，获得结构性知识，学习、掌握蕴含在项目问题解决过程中的程序性知识和方法，积累相应的经验。只要掌握了思辨思维的步骤，学会了分析问题的方法，即使一次行动没有得到预期的效果也没有关系，因为失败的经历也是一种经验和财富，只要朝着正确的方向，日积月累一定会收到满意的效果。

大数据时代，记录学生探究过程的数据及相应的大数据分析，既是学生的成长记录，也是对学生的态度、能力、兴趣、爱好、性格，甚至价值观的衡量方式。

过程是每个人思想和见解的展示。与“见”相比，“识”更难。一个人见的多、经历过很多事情，还不能算是有“识”之人，还要坚持思考，对很多问题和现象不断反思，对技术、行业、社会现象、教育特征等有深入的理解，经历“识”的过程。

4. 情境合理有益

根据建构主义理论，学习的过程并不是将知识机械地搬运到记忆中，而是学生以已有的经验为基础，通过与外界的相互作用建构新的理解，完善知识结构。因此，情境是STEM⁺教育重要的组成部分。不同的情境会产生不同的作用，对学生知识结构的建构效果也不同。只有将探究的过程与运用相关知识解决问题的情境结合起来，STEM⁺的探究性学习才有现实的意义。教师在设计STEM⁺教育项目时，创设的问题情境不但要基于真实的生活情景，而且要蕴含所要学习的结构化知识，更要符合学生的实际情况。

5. 团队分工协作

现今，知识越来越细化、技术越来越精准、社会分工也越来越窄化，任何一项工程都需要异质组合的团队，通过分工协作才能完成。STEM+教育中的探究性问题往往是真实的，实际问题的解决离不开生生、师生的合作。在解决问题的过程中，学生需要与他人交流、讨论，商讨如何解决实际问题。STEM+教育强调在团队协作过程中要相互帮助、相互启发，进行群体性知识建构。对于缺乏团队合作经验和实践的独生子女来说，这样的活动是他们融入集体进行紧密的团队合作的有效途径。小组学习最后的评价环节要以小组成员的共同表现为参考，而不是根据个人的表现进行独立评价，这样的评价方式可有效促进学生之间的合作。

6. 融合设计思维

与创客教育相似，STEM+教育也要求有一定的成果产出，产出的成果有作品设计、案例、论文等多种表现形式，这些成果必须与他人分享。通过产出成果，能促进学生的知识融合以及经验、能力的迁移运用；通过成果分享，能凸显学生的知识和能力。设计出具有创意的作品，既能提升学生的自我效能，使学生获得成就感，更有助于学生维持和激发学习动机、保持学习的好奇心。

7. 艺术增强美感

STEM+教育强调艺术性与自然科学的融合，艺术性不仅仅是美术与音乐学科的特征，还包括人文艺术、人体工学及自然科学中的和谐美感等。因此，在STEM+教育中增加艺术等美感元素，加强艺术的感染力，呈现美好，可以提升学生对人文科学和社会科学的关注与重视；同时，在学习过程与产品表达的评价中增加“审美维度”的评价，可以提高学生对知识、技术、工程的理解，以及应用知识解决问题的能力。

8. 追求实证效应

STEM⁺教育要求学生按照科学的原则、基于证据验证的假设条件来设计作品，探索出解决实际问题的方案；学生在设计作品时，要遵循科学规律，通过严谨的工程设计实践来认识和理解客观的科学规律。STEM⁺教育在注重科学的实证性的同时，还强调创设跨学科情境，对现实问题或项目进行探索，从而培养学生以真实生活为基础的科学精神和工程思维。

9. 技术增强效果

STEM⁺教育强调学生要具备一定的技术素养，了解技术的发展过程和应用方式，逐步提高理解高新技术、分析其如何影响社会环境的能力。在学习过程中，利用技术手段可以激发学生的创新意识，通过技术应用制作成作品，并通过不同的展示方式让创意得到分享和传播，从而激发学生的创新积极性。技术作为一种认知工具，可以潜移默化地融入STEM⁺教学的各个环节当中，从而培养学生善于运用各种技术解决实际问题的能力，增强学生驾驭复杂信息、进行复杂建模与计算的能力，进一步引导和支持深度学习的发生。

10. 无边界自由发展

一般的行为都有一定时间、空间的限制。如过去的电视节目在早上一定时间开始，晚间一定时间结束，在其他时间想看电视节目也没有。而现在，由于互联网技术的发展，看电视节目的时间已经没有任何限制。在看节目的同时，你还可以网上购物、聊天等，不论是内容、形式，还是时间、空间都已经没有了限制，这就凸显了“无边界性”。STEM⁺教育中的“+”就是倡导无边界思维，不论是观念、思想，还是教学内容、教学方法都可以打开不同的空间，学生在STEM⁺教育环境中，在正确的价值观前提下，完全可以不拘一格、自由发展。这种“无边界性”让学生的个性得到充分发展。

第四节　STEM+课程的模式分析

STEM+课程不是简单地在学校已有的科学和数学课程基础上，再增加开设有关工程技术内容的课程；也不是在开设的工程技术课程中，增加与科学和数学有关的内容。STEM+教育是一种理念和教学方式，其课程应当体现出这一特点。

一、基本模式

针对STEM+课程，美国马里兰大学教授赫希巴奇提出两种基本的课程模式：相关课程模式和广域课程模式。

相关课程模式是将各科目仍保留为独立学科，但各科目教学内容的安排注重彼此间的联系。例如，上物理课可能需要学生预先掌握数学概念，数学和物理教师要通过沟通，让这两次课的时间节点相近且数学课的教学排在前面。相关课程模式与学校目前的课程模式很相近，但最大的区别在于，前者需要不同学科之间的教师对课程安排进行详细、周密的协调和计划。

广域课程模式则是取消了学科间的界限，将所有学科内容整合到新的学习领域中。例如，教师要围绕“测试太阳能小车”建构和组织课程，就要通过设计太阳能小车，将科学、技术和工程等学科的相关知识渗透在内，让学生通过活动进行学习。

基于我国教学状况，我们对这两种模式进行进一步解释并应用，认为STEM+教育中的课程模式有以下三种存在方式。

1. 相关课程模式

将STEM+教学内容渗透在学科课程中，即将国家课程校本化实施。

这种模式比较普适现有的学科教育体制，是在目前学科课程结构基础上进行的内容的渗透、补充和拓展，由学科教师主导，全体学生参与，允许有个性化的选择。在实施过程中，可能涉及教师的专业引领、课时安排等问题，这就需要学校具有良好的课程实施机制，在课程计划的初期，将学科内容、时间进行统筹，组建教师团队，并在实施过程中不断调整。

2. 狭义的广域课程模式

将STEM$^+$教学内容渗透在部分校本课程、选修课程中。

这种模式应该是相关课程模式的补充。因为在国家课程校本化实施的过程中，有可能由于师资、技术、场地等原因，使得课程内容无法满足一些具有特殊需求、特殊能力的学生，这就需要寻找在相关课程模式中难以解决的问题，由教师或学生主导设计，开设一些课程，以满足这类学生的需求。由于每个项目只能有一部分学生参加，那么就需要统整所有项目，以便让更多学生有更多的选择。

3. 广义的广域课程模式

将所有课程均按独立的STEM$^+$教育课程设计，理想的状态是"学校的课程适应学生，而不是学生适应学校的课程"。

这种模式对于学校、教师、学生来说都是一种强有力的挑战，从某种意义上说是对传统教育的一种颠覆。因为它完全打破了学科的界限，突破了已有的课程结构。这种模式需要有明确的理论支持、工具设计、评估系统，才能确保课程的运行畅通。

目前有很多创新型学校正在打破传统的教学模式，按照新的模式实施教学。

北京市十一学校通过国家课程的校本化实施，构建了一套分层、分类、综合、可供学生选择的课程体系，力图通过可选择的课程调动学生自主发展的主体意识，唤醒每一位学生的潜能，让每一位学生都能在自己的优势领域里获得发展。学校的课程体系包括269门学科课程、34个综合实践课程、60个自主管理课程、70个职业考察课程、250个社团课程、12个高端项目研究课程、8个游学课程、6个书院课程以及若干个援助课程等。学生没有固定的教室和课桌，学校的教室不是行政班教室，而是学习不同课程的教室，被称为学科教室。

阿里巴巴集团领衔投资创办的云谷学校，希望为中国的教育发展和改革做一点努力和尝试，他们立足中国、着眼全球，探索培养面向未来的学生。学校注重五大领域的习得，包括双语言、人文与社会、体育与生活、艺术、数学科学与技术。

Facebook创始人扎克伯格等硅谷传奇投资人投资的Alt School，按照“教育+设计+程序+创业者精神”设计学校课程和教学方式，结合资本和科技，打造了以技术支持的Alt微型学校，挑战现有的教育体系。

美国的High Tech High学校的教育理念是“为生活重塑教育”，颠覆了传统的分科教学模式，学生们不用上物理、数学、历史等课程，取而代之的是跨学科的项目。学生根据自己的兴趣爱好选择项目，接受教师设置的“挑战”。为了完成自己的项目，学生需要不断寻找、探索。“挑战”给予了学生学习的意义和方向，回答了“为什么而学”的问题，生活和教育不再断裂。在这所学校里，没有教科书，没有上下课铃声，没有考试，学生每天都忙于自主选择的特定项目，为了一年一度的大型展览废寝忘食。起初，父母们对学校的这种教学模式充满疑惑，随后经历了紧张、焦虑、感动和惊喜等各种情感体验，最终98%的大学入学率打消了父母们的疑虑。

讲述High Tech High学校的纪录片《极有可能成功》被誉为“迄今为止，关于学校题材最好的纪录片”。影片启迪观众思考关于学校的目的和可能性，也让教育界重新想象我们的学生和教师所能够实现的可能。

【讨论】

1. 现有的课程状态下，如何开展STEM$^+$教学？

2. 讨论角度除已有课程结构、课时分配问题、师资问题、评价导向问题外，还有哪些？

二、基本要求

1. 像科学家一样思考

当科学家发现自己的认知与自然现象不同时，通常就会检讨自己的研究过程，修正自己的研究成果，努力使自己提出的理论符合客观事物。

科学家发现新事物，总喜欢提出多种假设，然后用实验去验证，如果无法直接验证，则利用可以验证的结论作为间接证据，再加上严谨的推理得出符合逻辑的结论。他们经常举行研讨会，听取各种不同意见，相互启发。科学家对发现的新问题进行探究，这个问题往往是没有标准答案的，因此其思考过程就是一种以解决问题为导向的探究过程。像科学家一样思考，就是要学习和掌握这种问题式学习方法，在需要的时候设计必要的学习情境。

相比之下，不少家长并不喜欢没有标准答案的探究性问题，有些家长甚至用自己的传统知识模型系统去约束孩子，不允许孩子发表反对意见，也不给孩子探究的机会，使孩子渐渐失去了对未知事物的敏感。

要想改变这种局面，我们必须在鼓励孩子进行问题式的探索和学习，学会像科学家那样思考的同时，改变自己的思维方式。

2. 像工程师一样实践

信息化时代的人才需求，不会再像工业化时代那样，可以选拔局限在一两个行业，甚至仅仅在一两个专业里工作的“螺丝钉”。信息化时代技术发展得更快，行业整合得更多，对人才的要求不再是能简单机械地重复工作，努力将工作细节做好就行，而是要有比较好的系统工作的实践能力。

动手能力是包含实践能力、应用能力、表达能力和表演能力等多方面、高层次的实际工作能力。对学生而言，动手能力是指将书本上的理论知识与生活实际相结合的能力；也是自己选择研究性学习主题，将科技知识学以致用，用自己的语言和方法对所学习的科技知识进行融会贯通和灵活应用的能力。这样的动手能力不是按照规定的程序进行重复实验就可以培养起来的，而是需要学生根据探究的主题，自主规划探究活动和内容，在探究过程中不断发现问题，通过自主学习和分析、解决问题来实现的。

之所以要提倡勤于动手，不仅仅是因为现在大多数人都缺乏这项能力，企业和科研机构也需要大量拥有动手能力的技术人才。在STEM+教育实践中，教师可以有次序地对学生加以引导，并借助作品的制作在探究活动中诱导更多的学生去动手，在STEM+教育活动中自主学习，逐步形成解决问题的能力。

【案例】

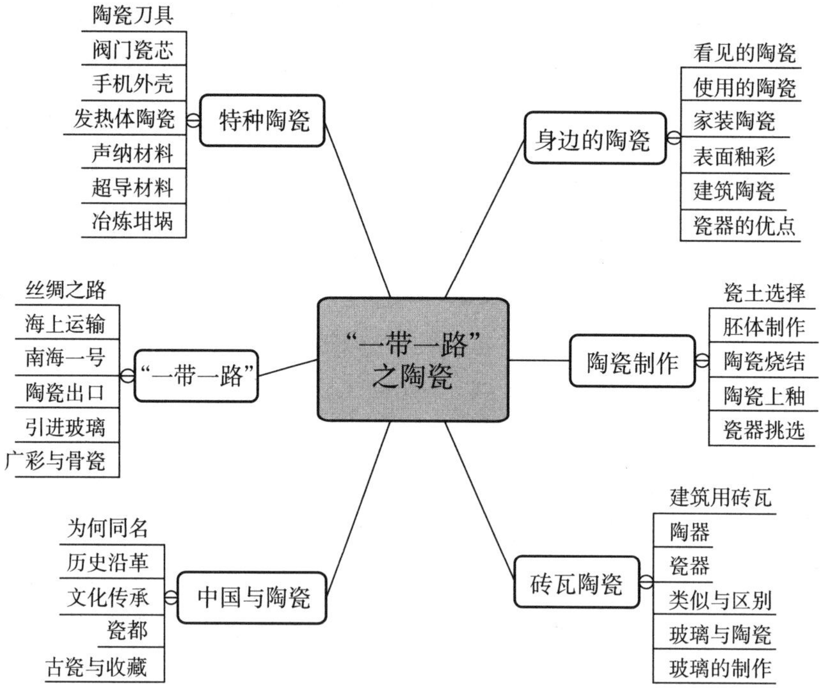

图2-5 "'一带一路'之陶瓷"课程方案

某小学拥有一台高温电炉，可以进行陶瓷烧结，学校凭借这一设备开设了陶艺课程。随着国家“一带一路”战略的实施，在高校和科研机构的帮助下，借助STEM⁺教育的理念和方法，学校开设了“‘一带一路’之陶瓷”校本特色课程。

在课程活动中，教师可以让学生组成一个个“商队”，给他们一定的“本金”，让他们模拟在中国采购瓷器，进行包装，雇佣船队，去西洋进行销售，再购买西洋的货物运回中国，在中国销售，最后评价每个“商队”的商业效果。

有关陶瓷的探究学习内容，可以模仿古人探索的进程，通过逐步提高材料的烧结温度，让学生看到从砖瓦、陶器再到瓷器的过程，懂得材料的选择、配比、制作工艺、烧结温度等一系列技术和参数对最后的制成品的影响。

在比较不同制成品的强度、硬度和吸水度之间的关系时，让学生掌握不同类型制成品的性能特点和使用途径，掌握挑选日用陶瓷制品的基本方法。同时给学生做一个关于陶瓷技术发展的讲座，介绍各种新型工业陶瓷的制作方法，以及在生活和生产中的应用案例，引发学生探究材料性能的兴趣。

三、实施路径

1. 游戏切入

结合生活实际，利用游戏式的体验活动，切入课程主题，让学生对主题内容产生浓厚的兴趣。在主题探究过程中发现和记录现象，归纳和总结变化的规律，让学生既动手，也动脑，从而形成“玩、探、创、展”的课程特色。

2. 主题探究

培养学生的思辨思维和探究性学习习惯，为改善学习方式提供帮助。

让学生学会像科学家一样思考，进行超越技能和知识模块的学习，逐步形成系统思维的方式与习惯，完善科学思维。

3. 学以致用

结合生活实践创设让每个学生都能进行独立动手探索和制作的课程，充分调动学生对科技学习的兴趣及探索兴趣，主动探索事物的特性，利用互联网去学习相关的知识。

4. 拓展视野

利用特色课程，培养学生的科技素养和实践能力，通过作品将自己的进步、能力与技巧展现给教师、同学和家长；培养和建立部分有能力、有兴趣的学生的专业特长，为他们未来职业生涯的发展奠定基础。

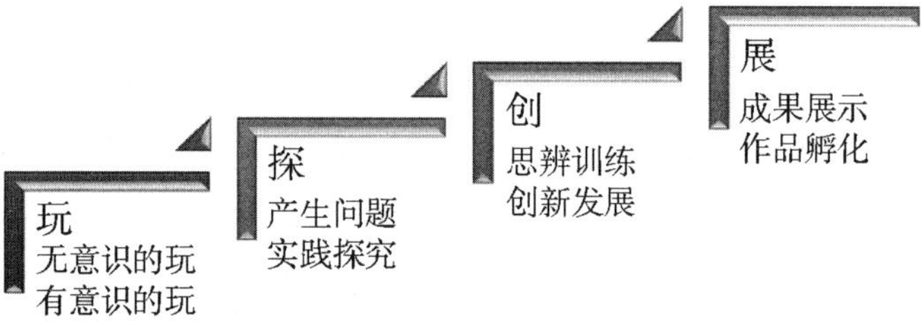

图2–6　STEM+教育的实施路径

“玩”就是动手、代入、体验、感受和认识；“探”就是探索、探究、发现和分析；“创”就是理解、提问、提议和创新；“展”就是实践、解决、应用和展示。

有消息提到，谷歌总部和苹果总部的员工的办公室环境布置得轻松随意，有咖啡厅、游戏室，甚至电影院。有人说这是为了装点门面吸引高端人才，但是为什么这些“玩”的东西能够吸引高端人才？这些人为什么愿意“玩”而不愿意“好好工作”？

高端科技人才工作的核心要素是创新，创新是科技发展的原动力。可以“玩”的环境，能够加速想法的流动，构建结构连接，促进创新的形成。

所谓想法的流动，就是想法也像河流一样流动，从别人大脑中流到你大脑中，想法流动得越快，大家的思维就越活跃，创新能力也就越强。例如，苹果公司大楼天庭里集中了会议室、休息区、电影放映室、游戏区和餐厅，这样的布局，就是为了让大家总能碰头，增加想法流动的速度。

而构建结构连接就是你将你认识、而他们相互不认识的两个人的想法连接起来。社会关系越多，构建结构连接的机会就会越多，所以常能看到不同的解决方案。而且构建结构连接的不一定是具体的人，游戏厅、咖啡馆和其他可以讨论和交流的场合，都可以促进结构连接的构建。

在信息化时代，已经是“玩物励智”，而不再是“玩物丧志”了。

例如，图2-7为某智能车课程之机械篇的整体规划，STEM⁺的教学内容充分体现了学科、技术、课程资源、方法的融合。

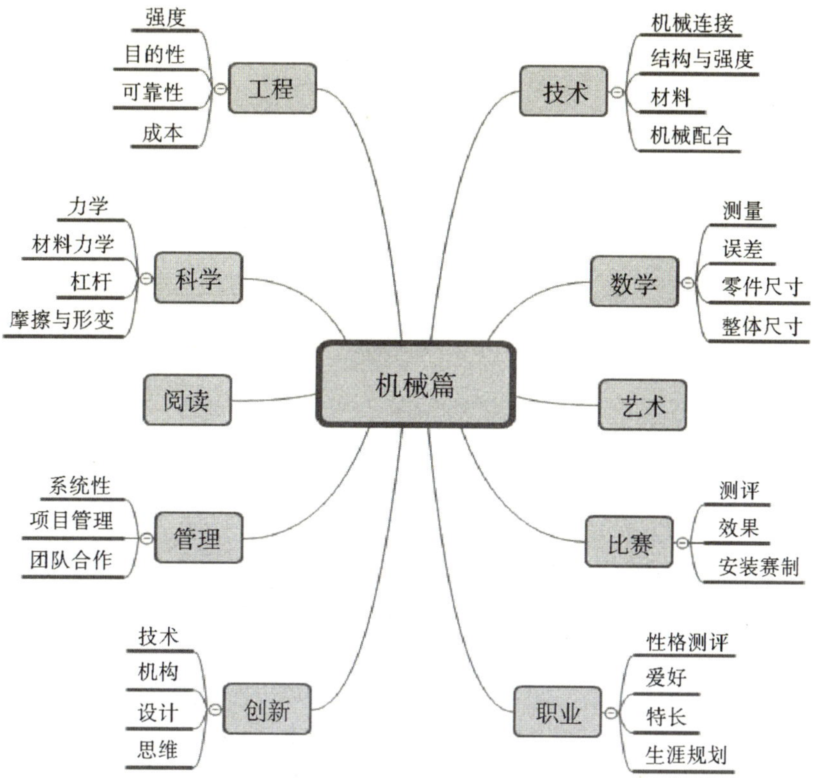

图2-7　智能车课程之机械篇

传统的学校教育是基于对知识的一种假设——就是知识可以通过教师传递给学生。所以传统的学校教育多是以教为主，只有小部分教师会给学生一些自主探究的空间。

建构主义理论认为，知识不是直接搬运的，而是由学习者通过不断内化建构起来的，所以教育不需要过多的传授，只需要给学习者提供能够让他们自己建构知识的环境和机遇。在建构主义教育理论的影响下，STEM+教育注重情境的创设、注重实践、注重动手、注重过程，希望通过学生喜欢的方式，让他们在探究的过程中建构起关于科学、技术、工程、艺术、数学等多学科的知识结构、能力结构，形成科学的态度、价值观与方法体系。

根据建构主义的教育理念，STEM+教育为教育理念、价值观和教学方式都带来了新的变革，对现有的教育起到优化作用。在规划具体课程方案时，要特别注意多种学科的综合，以生活中的事物作为教具，并注重与实际工程应用的联系。

例如，在智能车课程中，针对一台结构简单的电动小车，可以从美观、动力、控制等几个基本模块出发，结合工业设计、人体工学、机械工程、动力传动、电机与控制、编程与语言、信息传输、物理量测量、自动控制、系统工程等诸多行业的基础科学知识以及工程技术的应用经验，设计出能够让学生自己动手进行研究性学习的专业性课程。

图2–8　智能车课程案例图示

这样的课程，不仅能够引发学生学习的兴趣，还能通过以电机模块为基础的创意作品的DIY制作，把课堂中的探索与生活应用紧密地联系在一起。而这种基于产品制作的学习方式，不仅可以让学生学到最新的科技，而且可以给学生提供广阔的探究空间，从而让学生在产品制作中学习新知识、新技能，培养探究精神、团队合作精神、创新能力。

四、教师的转变

与实际相结合的STEM⁺教育拥有最生动的课堂。学习的重点是“学会了什么”而不是“学过了什么”，掌握分析问题的思维方法与模式，比学懂一两个知识模块更重要；学习的核心是素养和能力的提高。

STEM⁺教育的理念和课程发生了变化，教师需不需要改变？怎样改变？如何成为学生喜欢的教师？

过去教师对学生有惩戒权和指导权，权力非常大；现在指导权越来越大，惩戒权越来越小，其他的权力也都在下降。学生都知道学习知识的重要性，那些管理严格和放纵溺爱的教师都不是学生真正喜欢和佩服的教师，而那些能够激发学生学习兴趣、调动学生学习积极性，使学生愿意主动学习的教师才是学生佩服和喜欢的教师。STEM⁺教育需要的也是这样的教师。

优秀的STEM⁺课程教师是学生的导师，其教学应具备以下几个特点。

1. 有趣

学生不喜欢照本宣科式的知识灌输，希望教师带给他们的是结合生活实际的学习内容，且学习形式活泼有趣。这就要求教师具有将STEM⁺课程内容与生活实际相结的能力，能够通过问题的设定来激发学生的学习兴趣，引发学生的主动探究，通过引导和鼓励的方式来督促学生，而不要以“管秩序”和镇压的方式来管理学生。对学生来说，“有趣”优于“有用”。

2. 引领作用

要给学生一碗水，教师需要有一桶水，STEM⁺教育要给学生的“水”不只是知识，还有分析问题的思维方法和解决问题的技能与技巧。学生需要的是学习中的导师、遇到问题时的教练，而不是“人形百科全书”。

既然是导师、教练，那么在学生练习和比赛时遇到了问题，导师、教练就不能越俎代庖。在STEM⁺课程的教学实践中，倘若学生在活动中遇到了问题向教师寻求帮助时，教师不可以直接动手向学生展示如何操作，而是要提出一些可以引导学生探究的问题，激发学生去思考，同时给学生提供一些实际的操作建议和指导，保证学生有机会完成自己的任务，使学生在探索的过程中勇于面对各种挑战，锻炼各种能力。教师的提问，可以采用苏格拉底式提问法，也叫作诘问式提问法或究底式提问法，就是不停地追问一个问题，这也是进行思辨训练的一种方法。

3. 广阔的知识面

在生活及学习中遇到的问题涉及诸多方面，为了能够解决实际问题，学生需要具有综合能力。这就要求教师要具有多方面的知识，能够帮助学生应付各种挑战，解决复杂问题。学生在STEM⁺课程里遇到实际问题无法解决时，就需要教师带领他们去分析和解决。在解决问题的过程中，学生通过观摩和学习教师解决实际问题的技巧和方法，有效提高了自己的能力和水平。

4. 喜欢挑战

教师要能够利用“心流”理论，让学生不断挑战自我，而不仅仅是“教完进度”。教师要根据学生的实际情况，提出能够激发学生兴趣、适合不同层次学生的问题，从而让学生都能不断提高探究的能力，并在STEM⁺课程探索中品尝到成功的喜悦，增强继续探索的信心。

5. 示范性

STEM⁺教育是一种全新的教育探索，旨在培养信息时代的新型劳动者。我们对新型劳动者的期望，都具体落实在对他们进行基础教育的教师身上。对思维方法的教学，不能仅依靠课程的传授，还需要教师引导和自我练习，教师要现身说法，以自己的行为来展示STEM⁺教育的方式和效果。教师思维过程与步骤的示范，在很大程度上就是教学的第一步效果。教师的教学要让学生能够感同身受，如此才能更好地激发学生学习的兴趣和积极性。

6. 实践性

STEM⁺课程要结合实际进行教学。随着自动化技术的广泛应用，许多原来符合中小学生认知水平的科技应用实践内容被电子设备取代了。教师为了让学生将知识进行实践，就必须创新方法，重新设计实践内容，例如，铁丝陀螺、空气火箭、水火箭发射和纸桥承重等利用日常材料可以制作的作品，以及相应比赛项目。

中小学STEM⁺教育的核心目标是培养学生的思辨性思维、创造性思维和构建跨学科知识地图的能力，需要教师和学校共同努力，以科学探索的精神为方向，建立一种新的教学模式。

STEM⁺课程要从真实情境出发，设计与学生息息相关的问题，让学生产生好奇心和学习兴趣，继而转化为进行研究的内驱力，从而主动探究。在探究的过程中，学生会对问题解决产生兴趣，从而更加关注身边的现象，同时也为自己能够运用知识解决问题、改变生活感到自信和自豪。学生在解决较小的问题之后，就会逐渐尝试解决更多、更大的问题，不断学习和运用各个领域的新知识，掌握探究问题的方法，从而培养科学素养，认识到自身的能力和价值。

STEM⁺教育的核心是培养学生解决问题的能力，在这一过程中不能仅停留于技能操作，还要有知识原理的渗透。现实问题往往是复杂的，解决问题需要跨学科地调动、运用知识，而不是待在单学科学习的“温室”里，以单一知识点去解决。我们面临的知识是分散的，需要通过不断验证假设的过程，模拟科学家、工程师的探究过程，来掌握认识现实世界、面向未知世界的能力。STEM+教育的重点是引导学生在实践探索中掌握科学知识和科学方法，从而形成科学精神和正确的科学观。

第三章

STEM^{+}课程的建构与实施

第一节　STEM⁺课程的建构方式

STEM⁺课程内容的建构可以从不同的角度进行，既可以从教师对学生了解的角度，即从学生的兴趣维度、能力维度或其他维度出发，也可以从学生的认知、喜好等角度拓展。当然，不论从哪个角度建构课程内容，都要体现多元性、共建性，师生共同建构。

一、向外拓展式

这是一种比较典型的主题式学习模式，即先确定一个主题（或核心任务），然后从科学、技术、工程、数学等不同角度，设计不同的学习任务或项目，根据不同学科的知识要求分别完成任务，最后再回到主题（或核心任务），整合所有的知识，达到全面认识主题（或完成核心任务）的目的（见图3–1）。

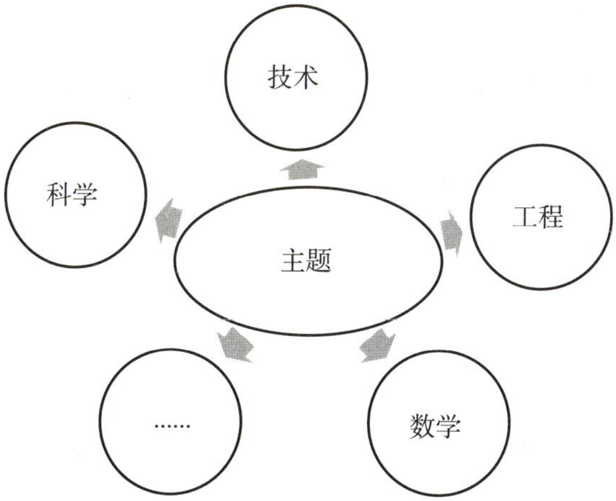

图3–1　向外拓展的建构方式

在这种模式中，任务的提出者可以是教师，也可以是学生，但需要以教师为主导，组织引导学生围绕主题（或核心任务）衍生出不同的问题，利用不同学科的知识解决不同的问题。例如，以“香水”为主题，可以拓展学习到生物、化工、日用品工业、历史、社交和文化等诸多领域。

北京亦庄实验小学的语文教师徐锋认为，人的一生总围绕着两个问题“我来自哪里”“我要去哪里”，它们分别对应了人的三个维度：生理维度、空间维度、时间维度，分别指向目前界定的生理、地理、历史等学科。后来他发现其实全部学科都涵盖于这三个维度之中，而中国的小学启蒙教育恰恰忽略了这三个维度。于是他开创了一门“万物启蒙”课程，就是以任何“物”为蓝本进行拓展式学习。例如，“一片茶叶”课程，从识茶、辨茶到采茶、制茶、泡茶，再到茶文化、茶历史、茶市场等，涉及“茶”的方方面面，让学生在对“茶”的学习中掌握多学科知识、技能，提升核心素养。再如，“万物启蒙”课程，涉及的“物”，有“桥”“竹”等，让学生在真实的生活中得到真正的启蒙。

【案例】

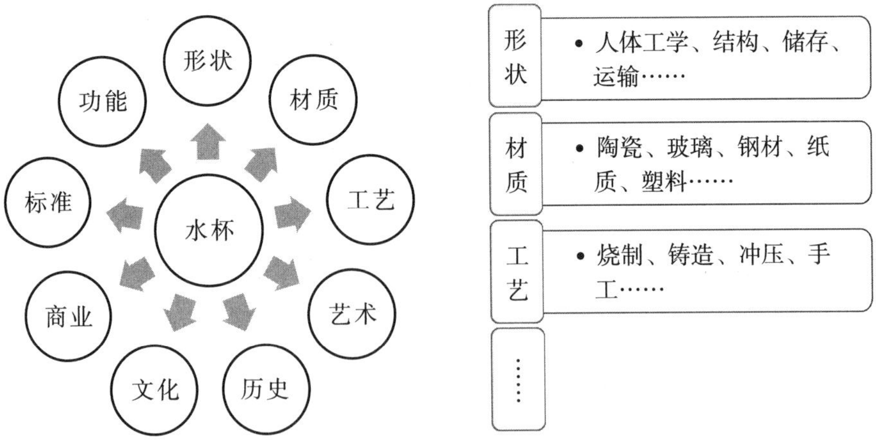

图3–2 “水杯”主题学习

【案例】

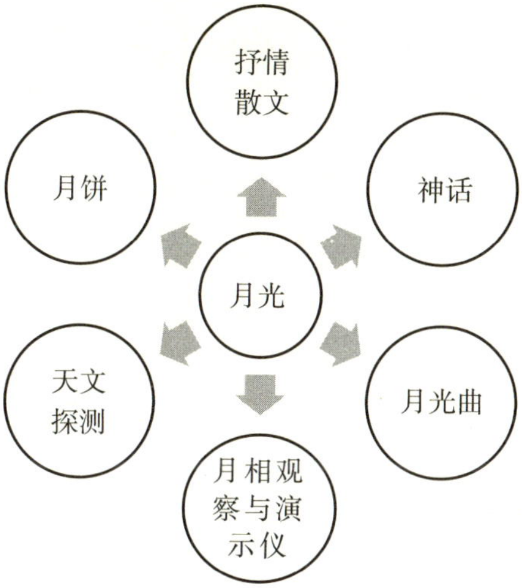

图3-3 “月光”主题课程

【练习】

1. 与年级组教师一起寻找一个共同的内容，尝试设计一个主题活动，例如，关于四季，可尝试跨越语文、艺术、科学、英语等多个学科的限制，从科学、技术、工程、数学的维度进行设计。

2. 分别将同年级、不同年级的主题活动进行整合，制订出学校的课程计划。

提醒：千万不要为整合而整合。

二、向内质询式

根据项目的需要，综合分析完成任务会涉及科学、技术、工程、数学等学科中的哪些知识、方法和技能，原则上项目的完成至少涉及两个学科（技术或工程不可或缺）（见图3-4）。

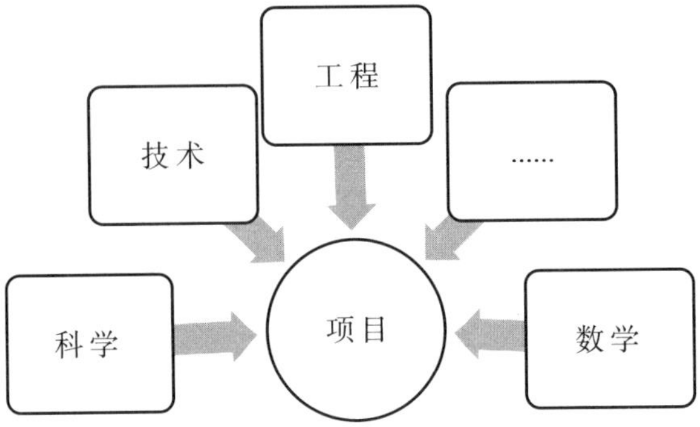

图3-4　向内质询的建构方式

教师根据学生的不同需要为其提供不同的学科指导、解决问题的方法，让学生主导解决实际问题。例如“不烫不凉杯的设计与制作”项目学习。

【案例】

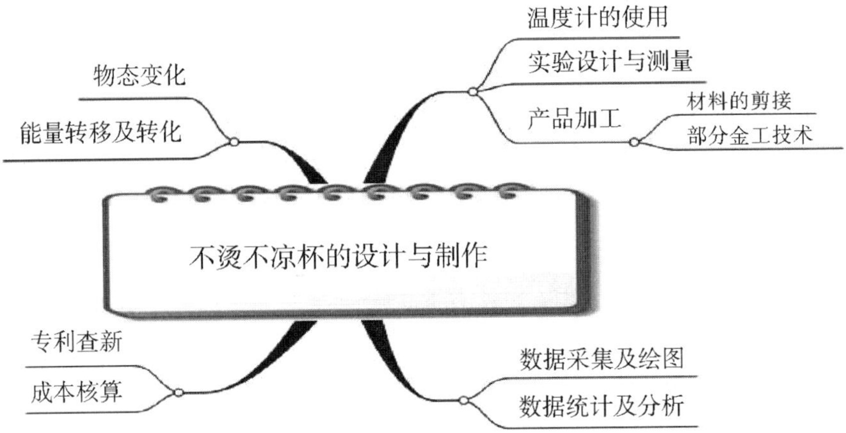

图3-5　“不烫不凉杯的设计与制作”项目学习

三、内外混合螺旋式

很多时候，项目的学习不是简单的、直线式的，学习的过程中可能有新的问题、新的情境产生，这就需要调整甚至改变原有的计划。此时的课程学习既有向外拓展的内容，也有向内质询的知识、技术与其他内容，从而形成一种内外混合螺旋式的课程建构模式。

很多时候相关内容的整合所形成的STEM⁺课程，实际上也是向外拓展式和向内质询式两种模式的集合。

如“北斗卫星导航”主题活动。利用卫星导航就是要确定所在地的经度与纬度，确定位置就需要有地图，制作地图需要有比例的测量，加上基本星象与月相和角度的测量，这就需要用到向外拓展和向内质询两种模式。

【案例】

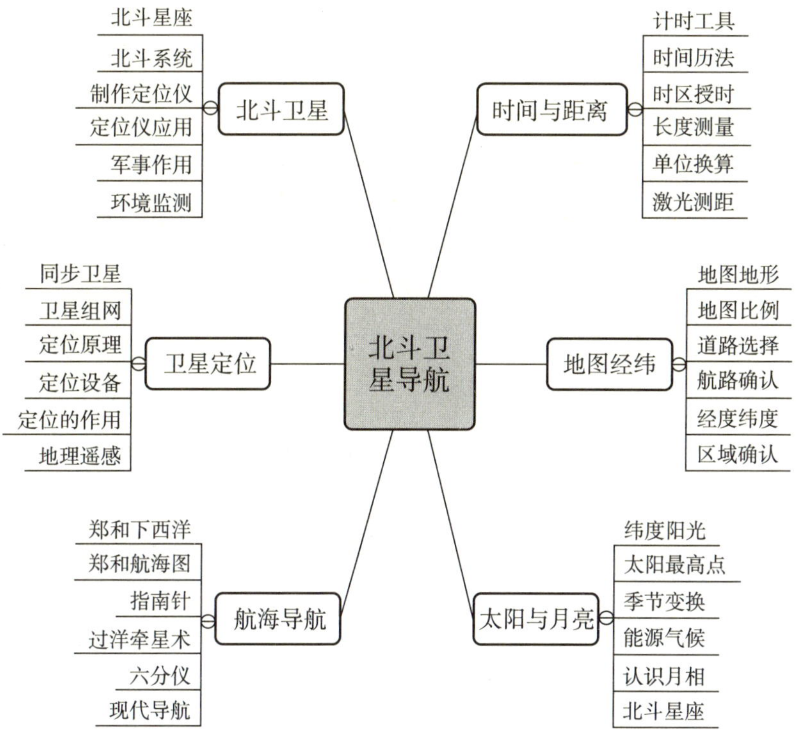

图3-6　“北斗卫星导航”主题活动

第一，从时间与距离的测量起步，在介绍时间与距离的测量时，可以进一步推广到测量的标准与精度。继续拓展测量的内容，可以学习长度测量和单位确定过程中的历史与文化，现在的国际单位制，以及不同单位制之间的换算与发展，从而逐步建立起工程技术所需要的基本测量技术与对应的精度保障知识，懂得为了达到什么样的效果，需要哪一种精度的测量与数据保证。

第二，长度测量和单位表述的实际应用，可以从测量和表述两点之间的距离，拓展到两个城市间的距离的测量与表述方法、区域地图的建立建设、交通道路及其选择、大范围地图的组成、世界地图、地球的经纬度等。

第三，认识北斗星。在寻找北斗星的过程中，了解天文学知识，通过观察太阳、月相、月亮升起和落到西方地平线之下的时间特点，认识月亮和地球的运行规律，联系历法与实际天相的关系，建立起天相与时间的联系。

第四，分析太阳的高度与历法、每天时间的关系，将太阳的高度与纬度的关系建立起来，可以通过测量太阳的高度来确定大致时刻，结合具体时刻测量的太阳高度来分析当地的纬度。结合指南针、六分仪和钟表来测量与计算当地的经纬度。了解郑和下西洋时确定航线的基本方法。

第五，了解现代利用卫星导航的基本原理和方法。导航卫星在离地面两万多千米的高空，以固定的周期环绕地球运行，使得在任意时刻，在地面上的任意一点都可以同时观测到四颗以上的卫星。由于卫星的位置精确可知，所以在接收机对卫星观测中，我们可得到卫星到接收机的距离，利用三维坐标中的距离公式及三颗卫星，就可以组成三个方程式，解出观测点的位置。

除此之外，人造地球卫星还可以用于通讯、空间环境探测、海洋监测、地面侦察、气象观测、天文观测、资源遥感等诸多方面。

第六，自己动手制作卫星导航仪。利用中国自己的北斗卫星导航系统的卫星所发出的信号，随时随地进行信号的接收和位置的计算，考虑到三颗卫星无线电信号传输的时间差异，还可以利用多普勒原理和第四颗卫星所发出来的信号进行修正，从而确保卫星导航仪的精度和准确性。

【案例】六分仪在航海上的应用

早期航海家在大海中沿航线航行时，需要不断确定航船所处的位置，即船所处的经度和纬度。航海家要弄清楚自己的船所处的纬度，需要一种仪器，它能通过对地平线和中午的太阳之间的夹角的测量，或通过对地平线和某颗固定星之间的夹角的测量来确定纬度。最初，水手用星盘来测量太阳高度，但由于船是上下起伏的，这种仪器极难操作，而且不容易测算准确。后来人们用直角仪取代了星盘。六分仪及两脚规、量角器、平行尺等都是早期的航海仪器。

六分仪是一种用来测量远方两个目标之间夹角的光学仪器。利用六分仪可以测量某一时刻太阳或其他天体与海平线或地平线的夹角，以便迅速得知航船或行人所在位置的经纬度。

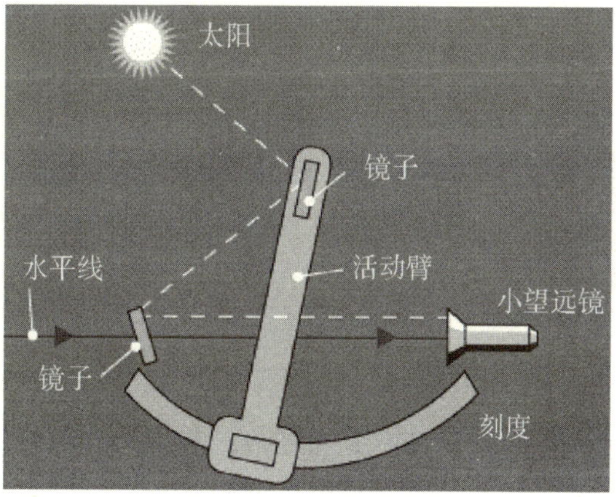

图3–7　六分仪原理图

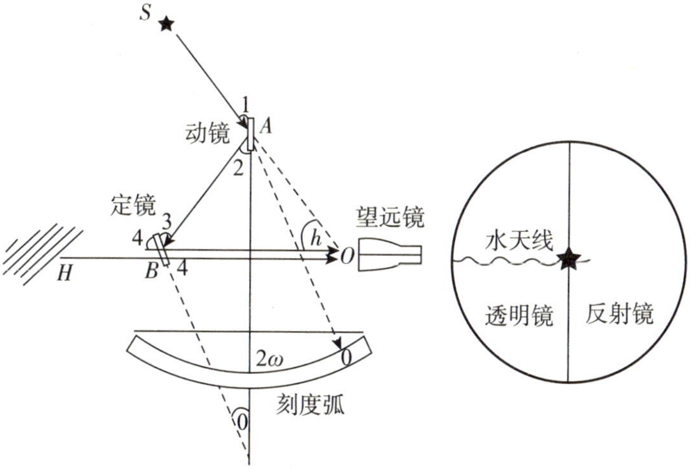

图3–8　六分仪计算的图示

光线在A镜面上发生反射，

$\angle 1$为入射角的余角，$\angle 2$为反射角的余角，入射角等于反射角，因此，$\angle 1=\angle 2$；

光线在B镜面上发生了第二次反射，

$\angle 3$为入射角的余角，$\angle 4$为反射角的余角，故$\angle 3=\angle 4$；

OH为水平线，

三角形OBA的内角和等于180°，$\angle h=180^\circ-\angle OBA-\angle OAB$，

$180^\circ-\angle OBA=\angle HBA$，

$\angle 3+\angle OBA+\angle 4$ 为一个平角180°，

包含$\angle \omega$的三角形的内角有：$\angle \omega$，$\angle 2$和$\angle OBA+\angle 4$，

那么$\angle \omega=180^\circ-\angle 2-\angle OBA-\angle 4=\angle 3+\angle OBA+\angle 4-\angle 2-\angle OBA-\angle 4=\angle 3-\angle 2$，

所以，$\angle h=2\angle \omega$。

这里用一个几何证明的单纯逻辑，验证了六分仪的原理：天体与水平面间的夹角是六分仪中动定两个平面镜所在平面夹角的两倍。六分仪所基于的物理原理是光线的反射角等于入射角。实际上，六分仪也可以测量任意两个物体之间的夹角。

通过几何光学中的反射定律，我们已经证明了：在天体的像与地平线重合时，该天体高度等于地平镜与指标镜夹角的二倍。而根据这一点来恰当地设计圆弧标尺上的刻度，就可以让观测者直接读出天体的高度。六分仪的精度比较高，最高能达到10角秒，且轻便易用，所以它迅速取代了之前操作复杂的星盘，成为在海洋上测量地理坐标的利器，解决了精确地确定海上航线这一困扰无数航海家的难题。

结合早期的“过洋牵星术”，还可以与航线、船舶的类型、洋流及其利用、船舶的动力、郑和下西洋的历史、“南海一号”的典故、中外经济交流等内容结合起来，利用光学和几何学知识，组成“一带一路”主题系列课程。

结合现代中国拥有的北斗卫星导航系统，可以实现卫星导航，能够提高导航的精度，且不受天气因素的影响，是现代高新技术在船舶运输和航海导航上的具体应用。

【案例】

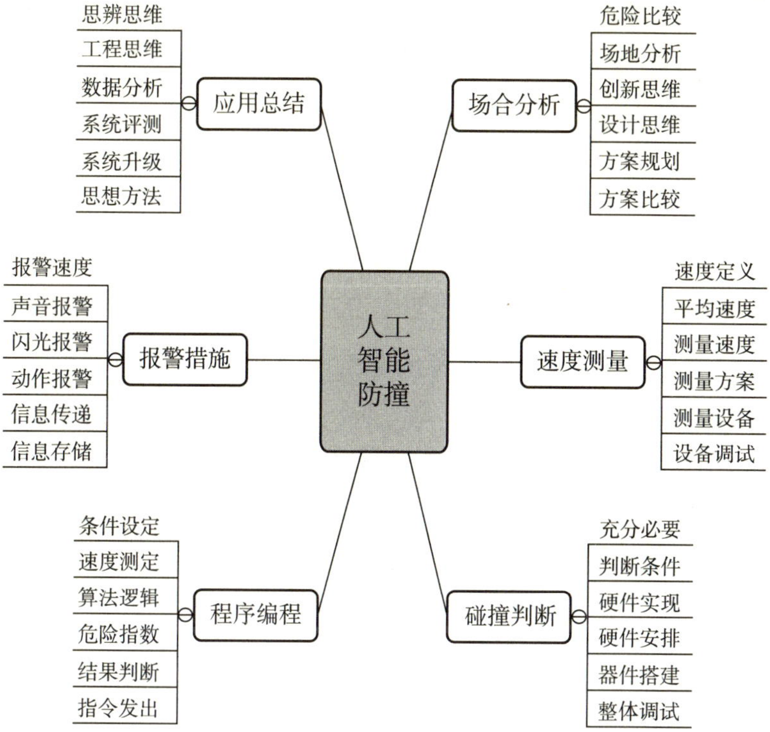

图3–9　“人工智能防撞”主题课程

1. 场合分析

（1）地点主要在学校的人流集中处和容易发生碰撞的走廊拐角处。

（2）以PBL方式引出场地分析的主题，激发学生对人工智能的兴趣。

（3）校园中存在哪些危险？举例说明。例如，拐角碰撞。

（4）如何防止这些危险的发生？需要设计一个怎样的系统来防止拐角碰撞？

涉及创新思维的引入与应用，旨在激发学生创新思维，使学生发现更多用于解决问题的新思路。

（5）比较各种可能的解决问题的新思路，挖掘有效的方法并进行规划。

涉及思维方法的引入和运用，利用斯坦福大学定义的设计思维五个阶段，推动解决方案的设计与规划。

2. 速度测量

涉及防撞系统基本原理，速度的定义与测量，测量的方案与比较，测量设备、传感器、激光对射开关的原理，硬件搭建，初识Micro:bit，传感器的连接，设备的安装与调试。

在没有人工智能的情况下，如何用人工管理的方式来防止和避免碰撞？人工判断是否能有效避免碰撞发生，主要的依据是什么？

制订规则。自己定出的规则自己才会遵守。如果学生在制订规则过程中发生争论，达不成一致意见，可以参考“罗伯特议事规则”，来学习如何议事和做集体的决定。掌握与他人合作和完成团队作业的方法。

将学生制订的激光探究活动操作规则以文字形式记录下来，确保大家随时可以看到，并认真遵守。

3. 碰撞判断

（1）两套速度测量设备之间的相互关系。

（2）碰撞的可能性，碰撞条件的判断。

（3）充分必要条件的确定。

（4）硬件的安排与实现。参数的设置，两个传感器间隔多远最佳？离拐角器间隔多远最佳？从哪里获得这些参数？

（5）硬件的安装与调试。如何安装？传感器的固定，设备的布线，设备的调试和灵敏度。

4. 程序编程

（1）基本算法逻辑（自然语言描述）：最简洁有效的编程语言、图形化编程语言。

（2）认识Makecode编辑器。与编辑器对话最方便的语言。

（3）基本程序结构：顺序结构，选择结构，循环结构。

（4）针对拐角防撞器应用场景编写程序。

（5）对危险的判断、指数和报警指令的发出。

（6）程序的迭代：有没有更好的算法？瀑布模型和迭代模型。利用防误触发算法“升级”你的程序。

5. 报警措施

（1）报警的速度，及时性和预见性。

（2）声音报警。

（3）闪光报警。

（4）动作报警。

（5）信息传递：从报警开始到停止跑步的延迟。

（6）信息的存储和数据分析。

（7）数据分析方法。

6. 应用总结

（1）思辨思维方法。

（2）工程思维：在保障基本功能的前提下，降低成本。

（3）从自动控制到人工智能。

（4）基本数据的获取和分析。

（5）系统的测评与升级。

（6）人工智能的基本思想方法和功能效果。

第二节　STEM+课程内容的整合取向

STEM+教育代表了课程以及组织方式的重大变革。北京师范大学教授余胜泉曾经撰文指出：“目前中小学最广泛应用的课程模式是分科教学模式，即数学、科学等学科教师负责教授各自科目，很少重视学科之间的联系。然而，要让学生为未来的职业发展做准备，他们必须超越学科的界限进行思考。STEM教育的课程设计应该使用‘整合的课程设计模式’，即将科学、技术、工程和数学等整合在一起，强调对知识的应用和对学科之间关系的关注。”

STEM+教育强调多学科的综合，在具体的STEM+课程结构上就出现了整合的趋势与取向，至于具体的课程整合方式，可以是学科知识的整合、生活经验的整合、以学生为中心的整合、学校需求的整合等。

一、学科知识的整合

教学目标以核心学科为主，重点关注各学科之间的联系，实施“做中学”，但不宜过分强调“做”而忽略了“学”。教学设计需要分析各学科最基本的知识结构，找到不同学科知识模块之间的连接点与整合点，设置综合性问题。同时，要将各学科内容改造成以问题为核心的课程组织，通过序列化的问题有机串联起各学科知识，使课程要素有机联系、有机结合。在设计整合实践活动时，既要为学生提供明确的整合提示，帮助他们理解各学科之间的联系，又要顾及学生对各学科的掌握情况。

【案例】深圳市盐田区乐群小学的课程设计

学校积极倡导主题式跨学科整合，将学校的所有课程进行整合，并进行了顶层设计。他们梳理国家课程时，发现每个学科都有关于“春天”的内容，于是将语文、英语、音乐、美术、信息技术等学科中与“春天”有关的知识内容进行了主题式跨学科整合，设计了“探·创春天”主题跨学科教学活动（见图3-10）。

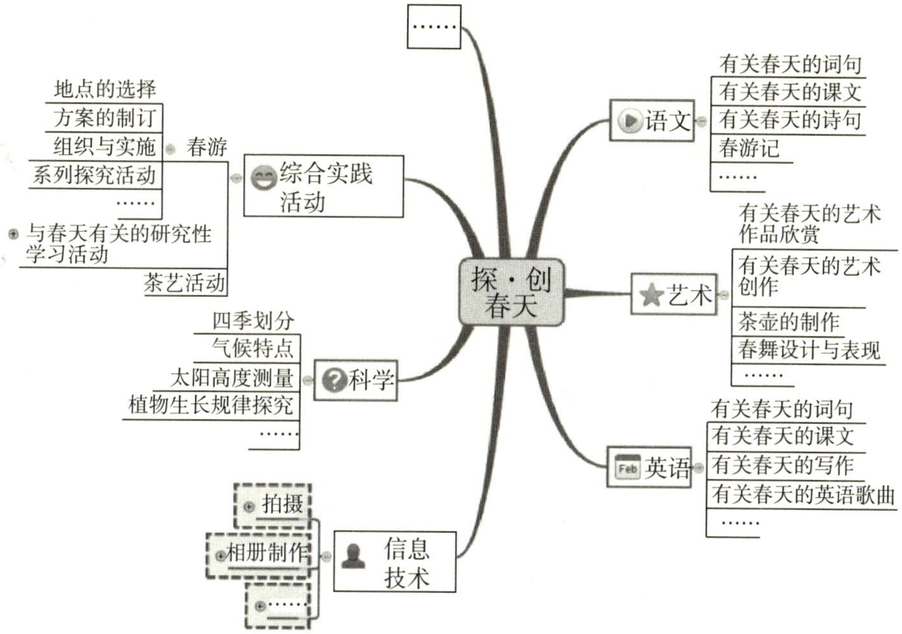

图3-10　“探·创春天”主题课程

在课程学习、吸纳新知识以及教学过程中进行学科知识整合，可以使学生快速接受新事物，掌握不同的知识。因此，基于多学科、新知识、散点渗透方式所创建的学科整合方式与教育教学体系永远是开放的、内容是新的，而且能够有效地激发学生的求知欲望，启迪学生的创新思维。

【案例】初中物理的电动机课程

对于初中物理中的电动机概念，学生理解起来比较困难，教师可以通过许多情境化内容，让学生充分体会电动机的工作原理与应用，并通过实践活动进行体验、操作，从而激发学生的学习兴趣，使学生充分了解电动机，学会应用甚至开发电动机（见图3-11）。

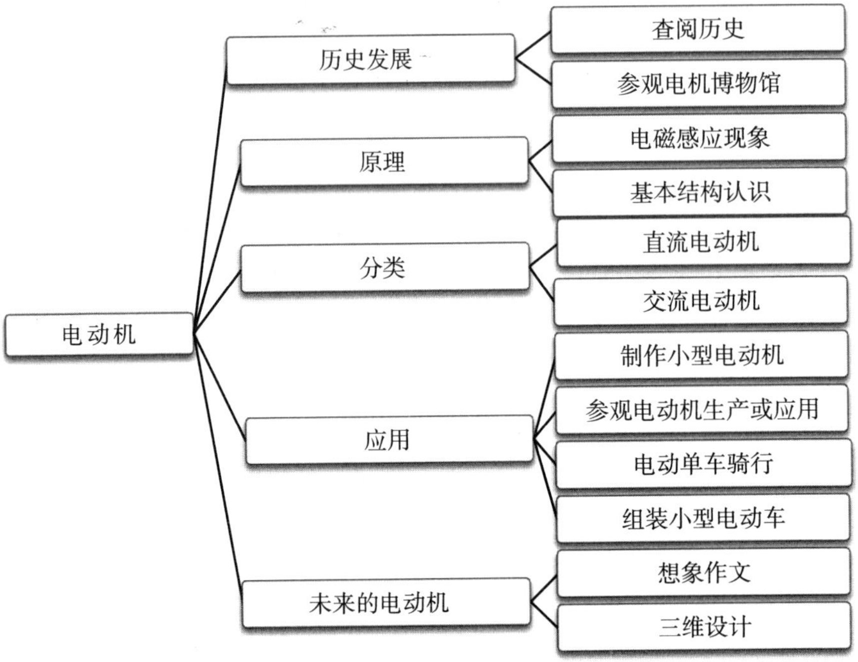

图3-11　“电动机”主题课程

多学科知识的整合，促进和提高了学生综合运用知识的能力。科技与工程领域的许多成就基本上都是多学科整合而形成的边缘科学引发的巨大进步。在今天的教育教学中，单科独进的教学方式已经越来越不适应时代发展的要求了，而学科知识在课堂教学中的相互渗透，有利于促进学生多学科知识的整合，能够有效提高学生综合运用知识的能力。

二、生活经验的整合

这种课程整合方式强调社会实践活动以及社会问题解决能力的培养，强调将多学科的知识融合到真实的社会性项目中，在项目活动中寻找各学科知识的整合点。因此，项目的过程分析、活动设计等是核心。在以实践活动或技术设计作为整合性STEM+教学的现实问题情境中，呈现需要解决的开放性问题，可以让学生直观地感受到为何而学、为何而做，在调查研究的基础上理解科学原理，进行科学分析。

【案例】“做早餐”主题活动

要求学生在家做一次早餐，完成之后在学校进行分享。由于每个学生的经历不同，制作的过程也不同，因而表现的结果也会不同。例如，

✧早餐名称：鸡蛋饼、稀饭、饺子、面条……

✧怎么做：煎、煮、包、炒……

✧份量：一份，两个、三碗……

✧味道：甜、咸、辣、香……

✧记录：拍照、录像、录音……

✧ 分析：早餐所能够提供的能量数值，早餐对人体的意义。为什么通常的营养要求是早餐要吃好，午餐要吃饱，晚餐要吃少？

✧分享：作文、相册、视频……

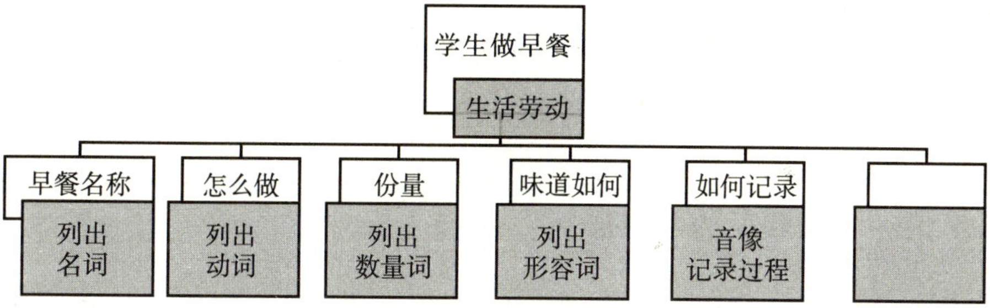

图3–12　“做早餐”主题活动

在该主题活动中，学生在实践中能掌握许多知识，还能提高多种能力，如认字能力、表达能力、动手能力等。学习在自然状态下进行，学习的内容是不断生成的，自然能取得良好的学习效果。同时，做早餐能让学生对厨师等饮食营养行业的相关职业有初步的认识。

信息社会所需的知识，是以技能为核心整合的多学科知识，以项目设计为主题和实施载体，将学术性的学科知识转化为可解决实际问题的生活性知识。该主题活动从学生适应社会的角度选择典型项目进行结构化设计，让学生在体验和完成项目的过程中，学习了蕴含于项目之中的多学科

知识与技能。

【案例】从生活现象入手——“洗手”

“洗手”是生活中常有的动作，针对“洗手”可以拓展出很多问题进行教学。

➢洗手的目的是什么？

➢洗手多采用哪些方式？

➢洗手时为何要用洗手液？

➢洗手液的用量是多少？

➢洗手液的成分是什么？

➢如何鉴别洗手液的质量？

➢如何测量洗手液的使用效果？

➢……

【练习】生活中的许多现象需要我们去挖掘，试以“生活中的便利”为项目进行课程设计。

三、以学生为中心的整合

以学生为中心的整合不强调由教师预设问题或项目，而强调由学生个体或团队通过调查发现问题，依据学生的需求，以学生的生活经验为基础寻找各学科的整合点。

【案例】“缝纫”主题课程

纽约市某高中一名男生建议校长开设一门缝纫课，校长没有拒绝，而是给学生提出了一个要求：如果他能找到至少15名同学喜欢缝纫，那么学校就购买缝纫机，配备教师开课。如果到期末，学生能设计并制作出全校30%以上学生喜欢的作品，那么课程继续，否则，课程停止！于是这名学生在学校发布消息、制作广告、广泛宣传，找齐了15名同学，校长答应开设课程。

这些学生有喜欢服装设计的，有喜欢服装打版的，有喜欢缝制的……他们组建团队后，分工合作，将很多作品转化成了产品，结果有越来越多的学生加入了这个课程项目中。

该课程涉及艺术、信息技术、数学、技术与工程和职业发展规划等（见图3-13）。

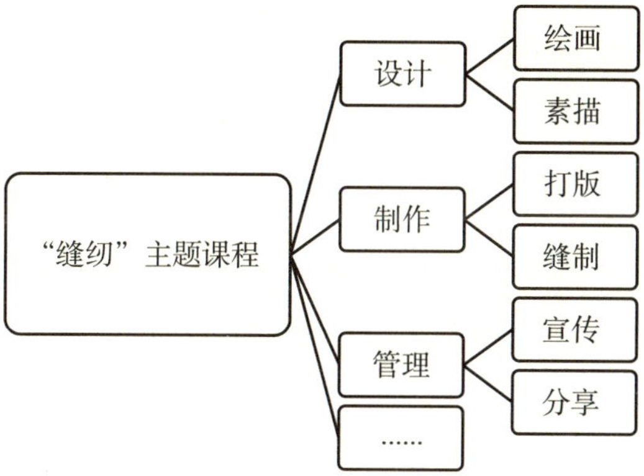

图3-13　"缝纫"主题课程

据说，国内某学校也开设了类似的服装设计课程，在课上，教师利用逆向工程的办法，引导学生认识服装缝纫的过程。

具体来说，教师先将一件衣服让某个学生试穿，让大家都看到服装的立体形象，然后将该衣服从缝纫处拆开，还原成一块块布料，此时再让学生将这些布料缝纫成服装，他们不仅能够自己安排缝纫的先后顺序，还能够很好地理解大多数布料在服装中的位置与作用。对于进一步学习服装打版和款式设计，因有了这些逆向工程的体验和感受，学生能更好地理解了。

教育不能仅仅局限在课堂上，在教育当中，"育"比"教"更重要，学生的学习目标应该明确，明确的目标可以对学习内容和课程的整合起到引导作用。

STEM⁺教育正推动学习模式从教师中心向学生中心转型，一个以个性化学习为中心的新时代即将到来。人类学习需求的多样化和规模化趋势，对以教师为中心的班级教学模式形成了冲击：教师的角色正从知识的搬运工变为思维方法的导师，并构建起个性化教学模式。随着移动互联网的升级换代，不受时间、地点限制的个性化学习的展开和普及，使得学生能挑战教师；而新型教师必须习惯并善于组织“混合式学习”，以融合面对面教育和在线学习的双重优势，并以此驱动学生个性化学习的发展进程，推动教育的民主化。

【案例】“铁丝陀螺”课程

市面上有各种各样的陀螺，曾风靡一时。为此，某学校设计了“玩陀螺”课程。

要求：利用给定粗细的铁丝，确定固定的长度来制作一个陀螺，然后进行玩陀螺比赛，以转动时间的长短来评价学生的成绩。

陀螺调查记录：

材质	形状	启动方式	加力方式	高度	直径	角度	支撑点	重量	旋转时间

性质	木制的	用鞭子抽的	保持旋转	在手指上玩的	用发射器发射的	空心的
符合						

注：请同学们在符合的项下打“√”。

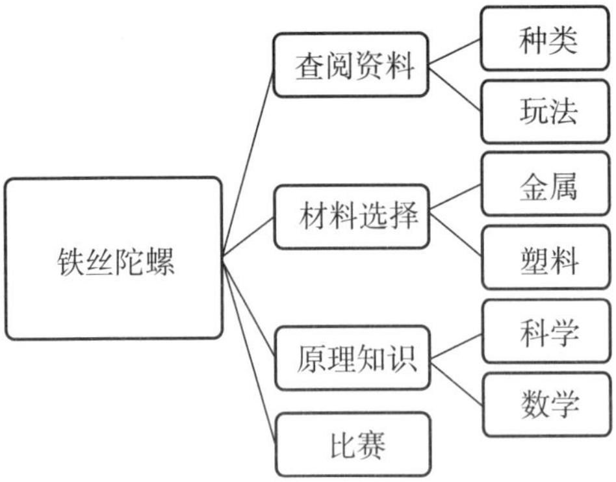

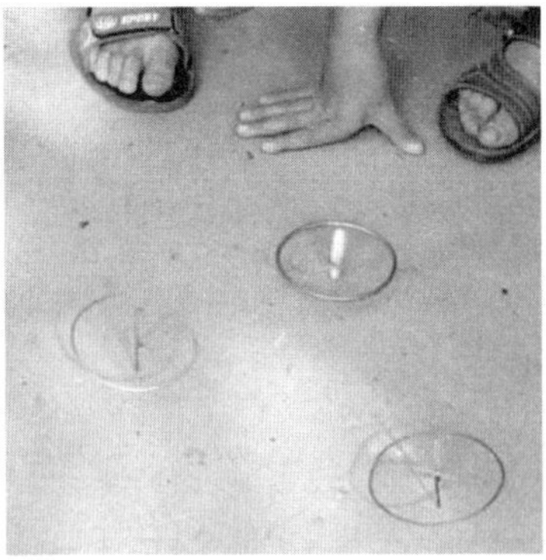

图3–14 “铁丝陀螺”课程

陀螺还有哪些特点和特性？

同学们是否还能分析和归纳出陀螺的几条基本性质？

陀螺不可或缺的基本特征是________________________________。

好陀螺的特点是________________________________。

【练习】观察并了解学生的某种喜好，然后设计一个能达成希望目标的课程。

四、学校需求的整合

STEM⁺教育的推广将使学校的角色发生重大变化，并推动教育模式的变革。随着信息社会的发展、社会力量的介入，传统的以学校为主体的教育格局将被打破。世界各地优质教育资源的整合与汇集，对传统学校教育中教师的知识视野、能力素质将形成巨大的冲击和挑战；学生利用互联网，根据自身特点和学习进程安排的自主学习，将颠覆同龄教育、专业分科、学制固定、教师主导等传统教育体系和组织形式。更多在线教育的兴起，将使精准、定制、个性化的教育和学习逐步建立起来，而大一统、标准化的考核与评估体系将开始分崩离析。

目前，国家课程是为满足学生的最低要求而设计的，所以国家规定学校的课程结构为国家课程、地方课程、校本课程。但很多学校的地方课程或校本课程没有经过充分的调研和求证，仅仅是增加了课程和相对独立的知识点而已，并未将知识进行融合。这些课程的存在有名无实，容易变成学校的“花架子”，甚至变成教师、学生的负担。

所以，根据学校情况和师生的需要，学校的课程可以设计为基础课程1系列、基础课程2系列、特色课程系列、特长课程系列、生成课程系列。

基础课程1系列的目标：通过吸引学生的注意力，激发学生的学习兴趣，帮助教师完成国家课程，让教师能轻松、愉快地完成正常的教学任务。

基础课程2系列的目标：结合实际问题的探究过程，让学生的基本知识、基本技能、基本经验等得以拓展和补充。

特色课程的目标：使学校已有的条件、资源得以充分发挥和利用，形成学校发展特色。在此过程中，教师和学生进一步发现自己的个性，逐步展现自己的特长。

特长课程的目标：让教师和学生的个性得以凸显、发挥和张扬，形成自己的特长和能力，以获得可持续发展，引导学生更好地进行职业发展的规划和安排。

生成课程的目标：在课程实施的过程中，既有预设，也有生成，当生成的内容丰富多彩、具有特色、具有可比较和展示的条件时，形成真正具有学校特色的课程。

【案例】“汽车城”的学校课程

某城市有一家大型汽车生产企业，故被誉为“汽车城”。当地学校与这家汽车企业有着千丝万缕的关系，教师大多为汽车企业员工家属，家长大多为汽车企业员工，学生从小就耳闻目睹零星的汽车生产知识，而且毕业后大多数会去这家汽车企业工作。而学校有一项很重要的任务，就是为这家汽车企业培养合格的劳动力（含技术骨干），所以学校以“汽车”为主题进行了课程整合（见图3-15）。

以小学为例：

低年段	中年段	高年段
•玩模型汽车 •组装模型汽车 •参观厂区	•了解汽车原理 •主题性学习 •参观车间 •体验组装	•主题性学习 •模型设计 •智能车组装 •驾驶体验

图3-15　“汽车城”的学校课程

【思考】

1. 这种具有地方特色的课程是否应该推广？为什么？

2. 分析你所在的学校的特色、需求，然后尝试设计STEM+课程。

学校情况分析									
学段	发展状况	地方特色	学校特色	学校需求	学校资源	学生需求	教师需求	家长需求	……

【练习】

广东省的学生可以考虑以“端砚”“柑普茶”“凉茶”“煲汤”和“客家围屋”等为主题设计课程；江苏省的学生可以“镇江醋”“紫砂陶”“太湖石”和“大闸蟹”等为主题设计课程……

在“一带一路”大主题下，学校可以设计很多具体的分支课程，如植物篇、陶瓷篇、地理篇、船舶篇、航海篇、经济篇、生物篇、外语篇、香料篇、饮食篇等。

第三节　STEM⁺教学的组织与实施

一、教学设计的思路

STEM⁺教育建立在建构主义和认知科学的研究成果之上，首先，知识是学习者不断内化建构的，学习不是简单的接受过程，而是不断建构的过程；其次，学习者的动机和信念在认知和知识建构的过程中至关重要，直接影响学习的效果、效率与效能；再次，社会性互动是认知发展的基础，也是知识建构的黏合剂，提高了学习者的理解能力，增强了知识结构的稳固性；最后，知识、策略和技术是需要情境化的，只有在真实的情境中才能更好地建构知识、能力、态度、价值观。

STEM⁺教育是一种典型的建构主义教学实践，我们根据余胜泉教授提出的模型，探究出另一种STEM⁺教育项目设计模式。该模式不仅需要对学习者进行分析，还需要对参与者中的指导者进行分析，另外还需要对工具与资源进行必要的分析，然后以"项目或问题"为核心立足点，进行目标、学习活动过程、学习支架、学习评价等关键环节的设计，同时关注项目完成后，学生获得知识的系统化与结构化迁移，并有相应的强化练习与总结提升。

因此，STEM+教学设计包括参与者分析、项目或问题分析，分析之后进行目标设计、过程监控与评价设计、学习活动过程设计、支架设计、知识结构化与强化练习设计。

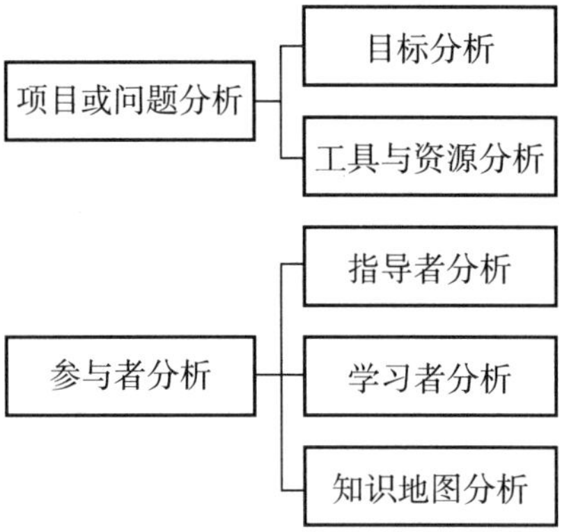

图3-16　STEM+教育项目设计前的分析

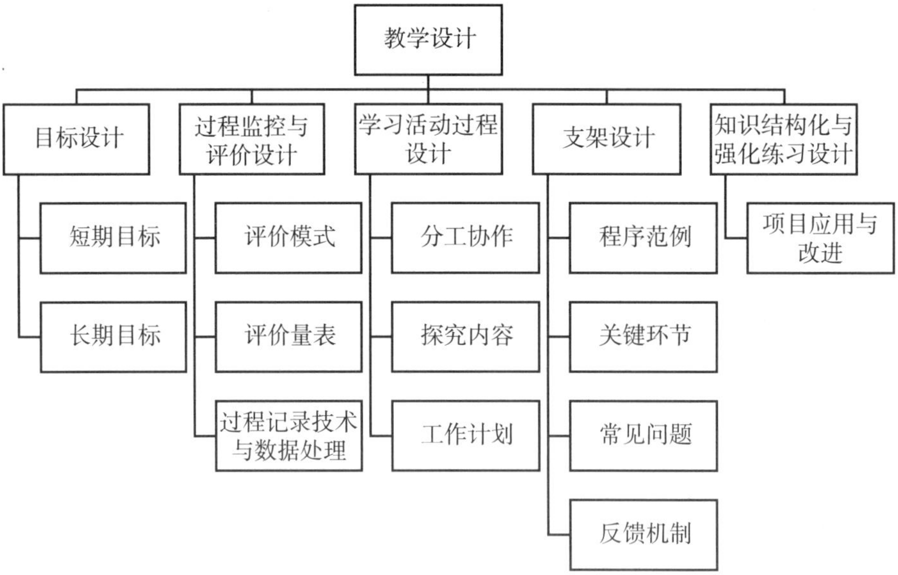

图3-17　STEM+教育项目设计模式

二、教学目标的设计

任何一次教学任务的完成，都需要有教学目标做指引。目标决定了要“往哪里去”，有目标，实施过程才有指引，才能朝着目标方向不断修正路径、策略、方法。当然，在探究过程中，也有可能不断生成新的目标，尤其是在真实情境中，可能发生许多不可预测的问题。因此，教学目标应分为短期目标、长期目标，或者小目标、大目标。

目标的设计应该遵循以下原则。

（1）目标必须是具体的，不是虚的、假的或空的。例如，能用自己的语言说出某物品的轮廓。

（2）目标必须是可衡量、可测量的。例如，至少能拼出三种图案。

（3）目标必须是可以达到的。例如，一周内阅读一本书，而不是一周内阅读100本书。

（4）目标是实实在在的，可以证明和观察的。例如，能够组装一个台灯，并能通电发光。

（5）目标必须具有明确的时间期限。例如，在一学期内，找到100种不同科属的植物。

在STEM+教学过程中，学习参与者应该共同参与目标设计，针对不同个性的学习者应有不同的目标设计。

目标的设计具有一定难度，这就需要教师提高目标设计意识和目标设计能力。目标合理，才能为教学的有效性提供保障，并为评价提供依据。

【案例】

表3-1 “钱币”主题课程的目标设计

维度	培养目标	完成时间
科学素养	说出3条以上关于硬币的物理性质 观察并比较不同物体表面存在表面张力大小的情况 学会3种以上测量圆形物体直径的方法 学会观察与测量硬币上细菌数量的方法	一周
技术素养	了解钱币分拣的原理 学会关于钱币分拣机器人程序与动作的设计	一学期
工程素养	完成机器人分拣的基本操作搭建	一学期
数学素养	了解事件的可能性与概率 学习理财的基本知识 能够设计1~2款相关的数学游戏	两周

三、教学过程的设计

我们先来讨论一下设计思路。

（1）共同构建：采用“头脑风暴”等方式，集思广益，共同研究，引导学生从科学知识、技术工程设计、艺术文化和数学等角度思考、挖掘问题。

（2）思维导图：注重对学生思维逻辑的培养，引导学生对探究的问题进行层次分析，画出项目内容结构图。

（3）个性化选择：引导学生根据自己的兴趣爱好，选择研究课题，利用合作学习的方式完成任务。

（4）过程实施：注重预设问题的解决，同时及时捕捉生成的问题并解决。

（5）过程激励：对学生在建构、学习、实践过程中的任何创意、设想及时给予肯定与鼓励，并及时指导改进。

下面以“钱币”主题课程为例来介绍教学过程的设计（见图3-18）。

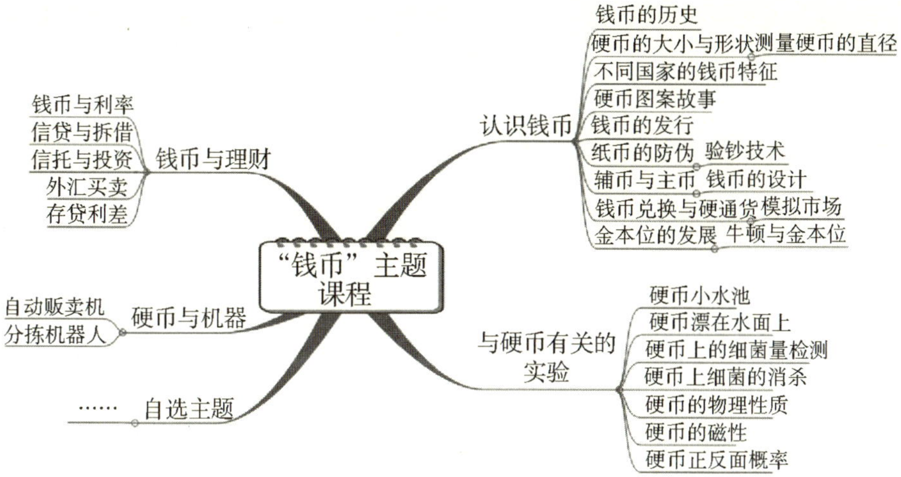

图3-18 “钱币”主题课程

1. 预设研究的问题

（1）不同国家的钱币的材质、大小有无区别？

（2）硬币上的图案有何意义？

（3）硬币有哪些形状？

（4）有的硬币上有孔，其作用是什么？中国古代铜钱上的孔有什么功能？

（5）如何通过实验验证硬币的材质？

（6）钱币上真的有很多细菌吗？如何检测？如何消杀？

（7）抛硬币时，正反面出现的概率如何？

（8）在哪些内容的教学中可以利用硬币做教具？

（9）是否可以设计虚拟钱币？

（10）公交公司、银行等每天要接收大量的硬币，他们是如何分拣的？

……

2. 师生共建学习内容

教师与学生一起根据预设的问题，引出更多的问题，然后根据关键词，将问题按照自定的原则（如学科分类、方法分类等）进行分类，利用思维导图画出内容结构图。注意结构的开放性，让学生可以在项目学习过程中生成新的内容、产生新的想法和创意。

3. 学生自我选择与任务分工

学生根据自己的喜好和兴趣，选择学习内容和项目，并以小组为单位进行方案设计和任务完成的估计（见表3–2）。

表3–2　某任务选择与分工表

模块	具体内容	参与者（含负责人）	完成计划的时间	可能出现的问题
认识钱币	钱币的历史			
	不同国家的钱币的特征			
	硬币的大小与形状			
	……			

4. 各项任务设计（以“认识钱币”为例）

（1）目标设计

① 了解钱币的发展历史及经济学地位。

② 知道钱币的主要种类：硬币、纸币。

③ 不同国家有不同的钱币，能说出几种常用的钱币（如人民币、美元、欧元等）的特征。

（2）师生共建研究框架

从研究内容、研究过程和结果呈现等方面进行研究框架设计。

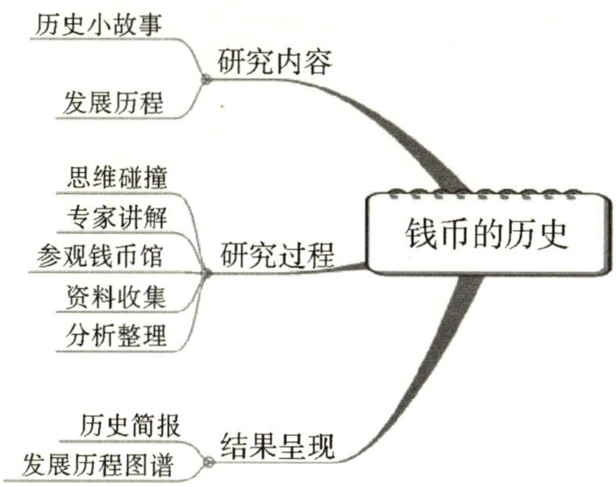

图3-19　钱币的历史

（3）提供资源与方法

提出研究过程应采用的方法，如查阅资料的途径，对资料的分析处理；根据需要，邀请专家进行专题讲座；为学生提供资料处理的参考表格。

表3-3　不同国家硬币的形状与图案（参考表格）

发行国家或地区	形状	名称	颜色	金额	备注说明

推荐活动：用白纸蒙住硬币后用铅笔刻印出硬币的花纹。比较不同年代制造的硬币花纹和材料的不同。

表3-4　不同国家纸币的文字与图案（参考表格）

国家	尺寸	金额	文字与字体	图案与人物	意义

推荐活动：许多国家的纸币上都印有人物头像，查找这些人物的姓名，了解这些人物在这个国家历史上的地位和影响力。

问题：现在社会上有假钞存在，我们怎样才能区分真假钞票呢？问问爸爸妈妈平时是怎么做的，把下表填完整。

表3-5　如何鉴别纸币的真伪（参考表格）

方法	步骤（含工具）
水印	举起纸币，向着亮一点的地方观察。若是假钞，在空白地方没有人物头像的影子。
荧光	
金属线	
暗记	
……	

推荐活动：讨论钱币的历史地位。

① 商品流通对经济发展的贡献，商品价格的确定。

② 钱币在商品流通中的作用。

③ 中国的银本位和现代的金本位。“银子”一词的引申含义，法语里“argent”一词的含义。

④ 现代钱币的形式。

⑤ 钱币与金融。

⑥ 微信支付和支付宝支付。

（4）成果（或作品）展示

共同讨论形成评价激励机制。鼓励学生创意设计形式多元、丰富多彩的成果，如作品展览、实物模型、方案评比、过程演示、说明书、职业体验、感想报告会等。

提供成果样品，如简报。

四、教学评价的设计

1. 前置评价设计

在常规的教学设计和实施中，一般是根据教学内容设计教学活动、实施过程，最后进行总结，实施评价，评价常常被置于最后的环节。这样的总结性评价有一定的作用，但不利于对教学过程的监控与反馈，更不利于对教学过程的调控。

STEM⁺教学的评价设计是基于理解力培养的逆向设计，不局限在简单的记忆、死记硬背等“知道”范畴，对内容的主旨、概念，要达到解释、应用、分析、思考、合成、自我反馈等深入挖掘的“理解”。因此，在设计时，首先要确定期望的结果，接着将关键问题转移为持续理解力，最后引导学生将理解应用于实践。

所以评价应对应目标设计，与目标相匹配。当教师与学生有了非常明确的目标和评价方向后，对目标管理、行为自控都会有很大的帮助。

2. 建立评价体系

评价原则：既要有对教学过程的评价，又要有对教学结果的评价。

评价主体：包含课程、教师、学生、家长、学校与社区等多个维度。

评价工具：既包含对学生基础素养的测评、对教学过程的监控，还包含质量的评价标准、等级及说明；既有自行设计的自评标准，也有专业认证的第三方的测评工具。

评价方式：一方面通过人工，最好通过技术自动记录，利用大数据跟踪。可以从常规化的测验和考试、简短回答、档案袋、采用列表的形式观察、反馈日志或学习日志、对学生非正式的持续观察、自我评估、同伴反馈等方面设计。评估可从书面的、可视的、口头的、示范的、可信的等角度进行。

对于课程内容可以从以下十个特性进行评价。

表3–6　STEM⁺教育的特性评价参考表

特性	跨学科	趣味性	体验性	情境性	协作性	设计性	艺术性	实证性	技术增强性	无边界性
等级										
说明										

五、教学过程的管理

1. 引导学生自主学习

现在互联网上的教育资源很多，除了各种百科知识网站介绍不同深度的百科知识外，还有许多详细讲解课本知识、优秀教师上课的视频，以及各种版本教材所对应的例题和习题。

如此一来，在课堂上学习的重点就是请教老师和与同学进行讨论交流并重，将从网站上学到的不同知识模块用思维方法的“线”串联起来，通过组合这些不同学科里同一主题或相似主题下的知识模块，从不同的学科和角度去认识和分析同一事物，形成更加抽象和系统的逻辑概念，从宏观上掌握事物变化的规律。

教学时，将学习的决定权交给学生，让学生能够更主动地进行基于项目的学习，共同解决现实问题，从而获得更深层次的理解。学生可以看视频讲座、阅读电子书，还能在网络上与同学讨论，能在任何时候查阅需要的资料，进行自主学习。教师也能有更多的时间与每个学生进行交流。由于学生的自觉性和自主能力有差别，所以更需要教师引导学生结合生活实践内容提出问题，激发学生学习的兴趣，使学生愿意积极主动地去探究和探索。

我们认为，STEM教育过程中，学生要有自主学习观。知识模块不再是学习的重点，逻辑和思维方法才是学习的核心。

学生要成为学习活动的主人，掌握学习的主动权，从而积极、主动地进行创造性学习。学习主体要对学习客体进行主动探索，不断创新、不断发现客体的特质，不断改进已有认知和经验，逐步建构起自己的认知体系。人工智能的快速发展对STEM+教育具有引领作用。在人工智能突飞猛进的今天，STEM+教育不能仅仅是利用各种现代技术进行学习方式的改变，还应该有效利用这些现代化工具，提升学习的内容和层次，从更高的层次上梳理和掌握不同知识模块之间的关系，进一步运用逻辑思维去创造性地解决实际问题。

提升学生的信息素养，不仅是要让学生学会利用计算机在网络上查找资料，更重要的是要使学生能在许多类似的信息中发现差异，找到知识之间的内在关联，完善知识结构，掌握渗透信息技术学习技巧的策略，这些都是信息素养的一部分。

具体来说，自主学习包含以下几个方面。

第一，自我定向。由于STEM⁺课程的内容很多，主动学习的学生可以自己来确定课程的内容、探究的主题，安排探究的过程与程序，制订自己的探究计划，做学习的主人。

第二，自我探究。既然是自主学习，学生就可以按照自己的爱好、基础、水平和能力，以及建立知识系统的需要，选择适合自己的探索方式。通过动手又动脑的自主学习，发现问题、解决问题，不但完善了自己的知识系统，在探索过程中，也学习了探索思路和分析问题的思想方法。

第三，自我评价。作为自主学习的掌控者，学生需要对每一阶段的学习和探究结果做出正确的评价；能够基于对自己的认识，依据计划目标和探索过程，对自身的探索目标、策略、方法、计划等进行自我评价与反思，进而对探索过程进行监测。

第四，自我调控。自主性学习需要有理有利有节，要符合自己的能力范围。可以对照自己的探索目标和进度，考虑如何改进探索策略和方法，从而采取有针对性的措施，及时调整自己的目标、策略、方法和状态，按照“跳一跳摘到果子”的模式，保障能力的充分发挥，促进目标的达成。

第五，自我激励。在探究学习过程中，要阶段性地“跳一跳摘到果子”，利用探究的效果和对实际问题的兴趣，来不断激励自己进行更深入、更全面的探究活动，使自己始终处于积极、活跃的学习状态。

第六，自我整合。无论一个人能力有多强，总会有弱项，为了能够达到能力增长的目标，就需要整合能力之外的学习资源，其中包括与同学进行问题讨论、进行团队协作、请教教师和其他专家、通过网络获得学习资源等。

2. 知识地图的应用

STEM+课程的跨学科整合，一方面要将各学科的知识进行跨学科重组，另一方面又要确保设计的问题和项目要覆盖所有学科的基础性知识结构。设计和实施STEM+课程，要在学科知识的系统性与解决实际问题或项目中所获知识的随机性之间保持一定的张力和平衡，基于整体知识结构的系统性设计问题，使各问题间包含的学习议题（如专业概念、原理等）相互多次邻接和交叉重叠。

在课程整合过程中，知识地图是很好的课程设计工具，可以对课程的核心知识及其关系予以可视化展示与管理。设计学习问题或项目时要对其所涵盖的知识进行分析，并与知识地图进行关联。当所有学习项目都与知识地图关联时，通过结构化的知识地图，学生可以清晰地了解在每个知识点上学习问题或项目覆盖的频次与强度，如果某知识点出现结构性缺失，可以通过定向覆盖的学习问题或项目进行平衡调节。

【资料】

知识地图最早是由布鲁克斯提出的，他认为，人类的知识结构可以绘制成以各个知识单元概念为结点的学科认识地图。

美国教育心理学家布鲁纳认为，任何知识都是有一定联系的，它们可以形成一定的结构，掌握了基本结构，就可以不断构建新的联系，挖掘新的知识（既包括显性的、可编码的知识，也包括隐性知识），也便于查找和记忆。所以他倡导“结构教学法”。

知识地图是一种知识导航系统，显示了不同知识之间的重要的动态联系。这是一种知识管理系统的输出模块，输出的内容包括知识的来源、整合后的知识内容、知识流和知识的汇聚。它的作用是协助学生发掘知识的价值。

（1）面向程序的知识地图

这种知识地图将关于某个流程的知识或知识源图形化表示。其主要作用是规划知识管理方案并推动知识管理的实践。

（2）面向概念的知识地图

其实是“分类学”的一种，是划分组织等级和进行内容分类的一种方法。在知识管理中，分类学被用于网站站点或知识库中的内容管理。

（3）面向能力的知识地图

这种知识地图将一个组织结构的各种技能、特长视为一种资源并进行记录，从而勾画出一张该机构的智力分布图。

（4）面向社会关系的知识地图

这种知识地图也被称为社会关系图。社会关系图揭示了不同的社会实体之间、不同的组织机构之间和同一组织内的不同成员之间关系的表现形式和处理原则。社会关系分析图的一个作用就是对一个社会背景内的共享信息进行分析。

知识地图包含概念地图（导航）、思维导图（思维可视化）等形式，表现方式可以是表格、树形图、框图等。

【案例】创造性课程研究模型要素

表3-7　创造性课程研究模型要素参考表

创新教育实践	内容和课程体系	人际交往和沟通技巧
		交叉学科与跨学科
		开放教育资源
		有意义的活动
	评价	制订评价形式
		形成性评价
		对非正式学习、非正规学习的认可
	学习实践	探究性学习
		创新性学习
		游戏式学习
		自律性学习
		个性化学习
		同伴协作
	教学实践	软技能
		个体优势
		多种学习风格
		多种思考模式
	组织	监控质量
		创新计划
		创新服务
	领导力和价值观	创新管理
		创业精神
		社会融入与公平
	连接性	信息与现实世界融合
		社交网络
		学习活动
	基础设施	现实空间
		信息空间

【案例】

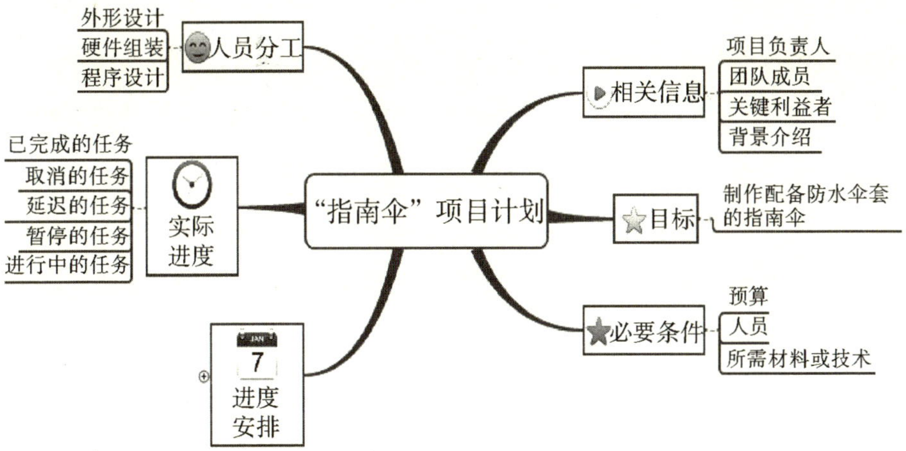

图3–20　"指南伞"项目计划

【思考】图、表的区别与联系是什么?

3. 项目管理

下面以"盲人摸象"的项目管理为例进行介绍。

"盲人摸象"是大家比较熟悉的一个典故。我们对自然界的认识，很多时候就像盲人摸象一样，开始认识的仅仅是局部，对事物的认识存在着局限性。而顶层设计和系统规划与整合，就是要设法将所认识到的局部整合起来，逐步形成一个整体。

盲人摸象是一个系统工程，需要统领不同的人去摸不同的位置，然后交流分享，才能完整地认识大象。因此，顶层计划与分享都很重要。

项目管理的作用是采用一系列的方法来消除个体之间的隔阂，使个体之间的知识、经验得以相互交流、吸收、补充、完善，通过顶层设计，将项目中局部的、零星的、散乱的信息汇总成统一的整体概念，尽可能去发现、复原事物的本来面目。

（1）管理项目的顶层设计

管理有两层含义：一是指一个项目的管理者在项目执行过程中的顶层

设计；二是指一种制度，将工作进行分工和分享。要解决盲人摸象问题，需要有顶层设计，有分工，有分享。项目负责人事先要告诉每个盲人自己能摸到的范围，并告诉其前后左右都有同伴，相互间可以触摸和传声。安排好位置后，大家可以一起去摸索对应位置的未知事物，然后再将大家所摸到的东西整合起来。这实际上就是系统整合的顶层设计。

由于盲人知道还有其他同伴在一起摸同样的一个事物，大家的摸索是有不同位置的分工的，因此每个盲人所得出的结论就会是对局部事物的一种形容和描写。

要对整个项目形成准确的认知，得出全面的结论，还需要通过分享，交互分析对每个方面的认识，结合其他方面的影响因素，将原来各自的结论反馈给大家。倘若还有机会，可通过管理上的分工让每个盲人按照一定的顺序变换位置，逐步去摸大象的每个部位，最终每个盲人都会得出大象的整体轮廓的概念。经过几轮这样的反复讨论，分歧就会大大减少，对事物的认识会趋向一致，减少盲人摸象的混乱局面。

（2）项目管理的意义

在一个优秀项目团队中，成功并不是某个人的功劳，而更多的是利用了集体的智慧，并将集体智慧进行了凝聚和延续。这种凝聚和延续逐渐形成了一种有顶层设计、有分工、有分享的系统管理制度。

【讨论】

（1）项目的管理

① 如何制订项目计划？

② 怎样统筹不同的资源和人员？

③ 如何组织人员进行项目的探究工作？

④ 如何保障项目的有效实施？

⑤ 怎样使项目按计划进行？

（2）团队的管理

① 教师之间合作与分工的依据是什么？工作量如何安排与落实？

② 由于跨学科，需要校内外的教师进行合作，既要分工明确，又要精诚合作，那么，教师之间的合作如何安排？

③ 学生之间的合作如何安排？

④ 师生之间由于能力与水平有比较大的差距，为了保障学生的学习效果，要如何来安排师生之间的合作？

（3）时间的管理

① 如何提高时间的使用效率？

② 如何利用华罗庚的优选法来管理好校内时间和校外时间？

（4）空间的管理

① 如何做好实验室的管理？

② 如何有效提高实验室的利用率？

③ 怎样利用好各种创客空间，尤其是学校中的创客空间？

④ 如何提高创客空间中各种工具的使用效率？

⑤ 如何利用工具与器材进行更多的创作活动？

（5）成果的管理

① 项目探究和创作的成果有哪些表现形式？

② 如何进行创作成果的展示？怎样让其他人分享到这些创作成果？

③ 创作成果是否能促进工程技术的发展和进步？是否能转化成新产品？

④ 在转化过程中，如何进行知识产权保护？怎样保障创造者的权益？

第四章

STEM^{+}教育的思维类别

第一节 思维概述

学生到学校来学习，是为了能够学到知识，以便将来能够适应更好的工作。那么，应该学习哪些知识？将来的工作岗位对工作者又有哪些基本的要求？中学生怎样才能学习到更多的知识？这就需要注重培养学生在学习中起重要作用的——思维。

一、思维能力的重要性

企业的成功依据战略，人的成功则依靠思想方法，即我们所说的思维。家庭条件或环境因素好是外因，并不能保证事业的成功，而看问题和做事情的方法，才决定着一个人的一生，也是是否能够事业成功的内因。学生在学校学习的核心，便是思维方法。无论是学生的学习活动，还是人类的职业工作与发明创造等一切活动都离不开思维，思维能力是学习能力的核心。

人们在工作、学习、生活中每次遇到问题，总要“想一想”，这种“想”，就是思维。思维是通过分析、综合、概括、抽象、比较、具体化和系统化等一系列过程，对感性材料进行加工，并转化为理性认识及解决问题的方法。我们常说的概念、判断和推理是思维的基本形式。

著名教育心理学家戴维·珀金斯提出：为未知而教，为未来而学。在今天这个复杂而多变的世界中，努力培养孩子的好奇心、启发孩子的智慧、增进孩子的自主性和责任感，引导他们积极、广泛、有远见地进行有意义的学习。

美国顶尖私立高中联盟推出了一种全新的学生综合素质评价体系——A New Model。和传统的美国高中成绩单相比，它不打分、不评级，只是持续追踪、记录、评估学生的八大能力：思辨思维（批判性思维）、思维习惯、沟通能力、决策能力、领导力及团队合作能力、数理能力、适应性与探索能力和全球视野（见图4-1）。

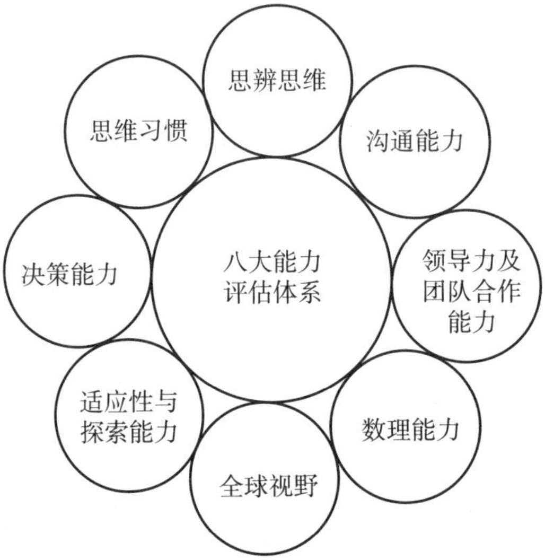

图4-1　八大能力评估体系

耶鲁大学终身金融学教授陈志武说，耶鲁大学对本科生的培养理念是，任何一个在耶鲁大学读完四年大学的毕业生，如果他毕业时，只变成物理、电脑、化学或是任何领域的专家，他们都会觉得那是一种失败，因为他们不希望四年大学教育只是培养专家，让他们在某一领域里面投入那么深，而忽视掉做人、做公民、做有思辨能力的人的机会。由于知识也有半衰期，而为了向创新、向品牌经济转型，就需要侧重思辨能力的培养。一个国家的产业结构决定其教育知识的结构，而教育知识的结构又会决定其经济的产业结构。

二、思维的类别

思维的类别有很多，这里介绍几种常见的思维。

1. 思辨思维

思辨能力就是思考辨析能力。思考指分析、推理、判断等思维活动；辨析指对事物的情况、类别、事理等的辨别分析。

思辨思维可以通过课堂表述和辩论来培养。教师要给学生提供更多的表述机会，让他们针对某个问题各抒己见，或发表自己的看法，或谈谈自己的经历，或跟他人辩论。

陈志武教授介绍了他女儿在美国学校学习时，教师培养学生思辨能力的方法：第一步是提出问题和假设；第二步是根据提出的问题收集数据；第三步是做分析，检验假设的真伪；第四步是根据分析检验的结果做出解释，如果结论是证伪了当初的假设，那么，思考为什么假设错了，如果是验证了当初的假设，也要思考为什么；第五步是写报告或文章。

这种项目式学习不是为了考试，而是为了让学生学会思辨。这种学习所得到的训练是多方面的，尤其是要靠自己思考、靠自己找问题并解决问题。

很多人其实都知道培养思辨思维的重要性，但问题在于，如何利用日常生活的不同场景，给予孩子潜移默化的思维启蒙与引导。学校里的$STEM^+$课程能否借鉴美国小学里的做法，培养学生的思辨思维？

2. 设计思维

$STEM^+$教育通常以项目引发活动和学习，在任务完成的过程中，设计思维非常重要，它并不是为了让学生设计出某个具体的东西，而是为了培养学生科学的思维方法，使学生能以设计思维的方式去解决实际问题。

设计是为了解决问题，更是为了完成目标。设计思维的核心是以用户为中心的设计，也就是一套以人为本的解决问题的方法论。解决问题，要从人的需求出发，多角度地寻求解决方案，并创造更多的可能性。

美国斯坦福大学的设计学院将实施设计思维分成五大步骤：“同理心、定义（问题）、构思、原型和测试。

3. 逻辑思维

逻辑思维是人们在认识事物过程中，借助概念、判断、推理等思维形式，能动地反映客观现实规律的理性认识过程。只有经过逻辑思维，人们才能把握具体对象的本质，进而认识客观世界。它是人认识的高级阶段，是符合事物之间关系（合乎自然规律）的思维方式，即理性认识阶段。

逻辑思维不重视人们直接感觉到了的物质材料，而非常重视通过理性思维、抽象理念所掌握的规律。人们看得见、摸得着的物质表象并非根本，它背后的理念、规律、规则和蓝图才是至关重要的。从数学主义到几何学，从原子论到万有引力，均指明了具体掌握自然万物规律的方法，并且进一步以这种思维来规范社会制度体系。

逻辑思维是确定的，而不是模棱两可的；是前后一贯的，而不是自相矛盾的；是有条理、有根据的。在逻辑思维中，要用到判断、推理等思维形式和比较、分析、综合、抽象、概括等方法，而掌握和运用这些思维形式和方法的程度，也就是逻辑思维的能力。

4. 工程思维

工程技术是在工业生产中实际应用的技术，是为了达到改造自然的目的，将科学知识或技术发展的研究成果应用于工业生产过程的手段和方法。

工程思维，就是利用有效的技术方法，以尽可能低的投入成本，达到解决问题的目的。有一个词叫“性价比”，就是这个意思。工程技术思维就是利用已有的各种科学知识与方法、结合工业生产技术与设备流程，以尽可能低的投入成本，规模化地解决实际生活中需要解决的问题，为更多的客户创造更大的价值。

5. 创新思维

早在1999年6月，《中共中央国务院关于深化教育改革全面推进素质教育的决定》中就已明确指出："实施素质教育，就是全面贯彻党的教育方针，以提高国民素质为根本宗旨，以培养学生的创新精神和实践能力为重点。"

创新教育把素质教育推向了一个新台阶，创新教育是素质教育的灵魂、核心，创新教育为实施素质教育、深化素质教育找到了一个"抓手"。实施素质教育旨在提高全民族的素质，提高全民族的创新能力，它同创新教育追求的目标是一致的。实施素质教育必须在一系列问题上进行创新，如教育观念、教育思想、教育制度、教育内容、教育方法等，而创新的基础就是要有创新思维能力。

我们发现，很多学校过于强调考试成绩，很少有关于思维方法培养的课程，关于培养创新思维与技法的课程仅仅存在于高中通用技术的选修课程当中，且不是考试的主课，所以很少有教师认真、扎实地去培养学生的创新思维能力。

面对钱学森之问"为什么我们的学校总是培养不出杰出人才？"，我们认为，学校需要加强对学生的思维能力，尤其是创新思维能力的培养。

三、系统思维的方法

1. 思维导图

思维导图是发展发散性思维的有效的图形思维工具，也是一种将思考过程具体化的方法。它运用图文并重的技巧，以图表方式将各级主题的关系用相互隶属与层级的形式展现出来，将主题关键词与图像、颜色等建立起记忆连接。

思维导图利用记忆、阅读、思维的规律，协助人们在科学与艺术、逻辑与想象之间平衡发展，从而开启人类大脑的更多潜能。

发散性思考是人类大脑自然思考的基本方式之一。各种进入大脑的资料，包括感觉、记忆或想法，都能变成一个思考中心，并由此向外发散出多个关节点，每个关节点代表与中心主题的一个联结，而每个联结又可以成为另一个中心主题，再向外发散出多个关节点，从而呈现放射性立体结构，而这些关节点的联结有助于分析和记忆，是大脑数据库的基础。

如今，有很多专用的思维导图软件，利用这些现成的软件，可以减轻思考者做图的工作量，而且这些软件可以随时将思维导图的半成品存储在计算机里，并随时可以继续进行完善，安全又环保。

2. 5Why分析法

所谓5Why分析法，又称“5问法”，就是针对一个问题点连续以5个“为什么”来自问，以追究其根本原因。虽为“5问法”，但使用时不限定只做5次为什么的探讨，直到找到根本原因为止，有时可能只要3次，有时也许要10次。5Why分析法的关键在于：鼓励解决问题的人要努力避开主观或自负的假设和逻辑陷阱，从结果着手，沿着因果关系链条，顺藤摸瓜，直至找出问题的根本原因。

来看看这个经典案例：

问题一：为什么机器停了？答：因为机器超载，保险丝烧断了。

问题二：为什么机器会超载？答：因为轴承的润滑不足。

问题三：为什么轴承会润滑不足？答：因为润滑油泵失灵了。

问题四：为什么润滑油泵会失灵？答：因为它的轮轴耗损了。

问题五：为什么润滑油泵的轮轴会耗损？答：因为杂质跑到润滑油里面去了。

通过连续的提问，找到了问题的真正原因，进而找到解决方法：在润滑油泵上加装滤网，确保润滑油的纯净。

5Why分析法从三个层面来实施：其一，为什么会发生？从“制造”的角度开始进行思考。其二，为什么没有发现？从“检验”的角度进行系统的思考。其三，为什么没有从系统上预防事故？从“体系”或“流程”的角度进行内在根本原因的深入分析。通过对每个层面进行连续5次或更多次的询问，得出最终结论。只有以上三个层面的问题都探寻出来，才能发现问题的根本，找到解决的方法。所以5Why分析法就是一个逐步深入、层层递进的思维方法。要提高思辨思维的深度，就要利用5Why分析法，逐步提高思维的层次。

3. 5W2H分析法

5W2H分析法广泛应用于对问题进行系统而全面的分析中，对于决策和执行性的活动也非常有帮助，还有助于弥补考虑问题时的疏漏。从What，Who，Why，When，Where，How和How much这几个方面提出问题，思路更容易打开。提出疑问对于发现问题和解决问题是极其重要的。创造力高的人，都具有善于提问的能力。众所周知，提出一个好问题，就意味着问题解决了一半。提问的技巧高，有助于充分发挥人的想象力。

4. 鱼骨图分析法

鱼骨图分析法又名因果图分析法，是一种发现问题“根本原因”的分析方法。现代工商管理教育将鱼骨图划分为问题型、原因型及对策型鱼骨图（见图4–2，图4–3）。

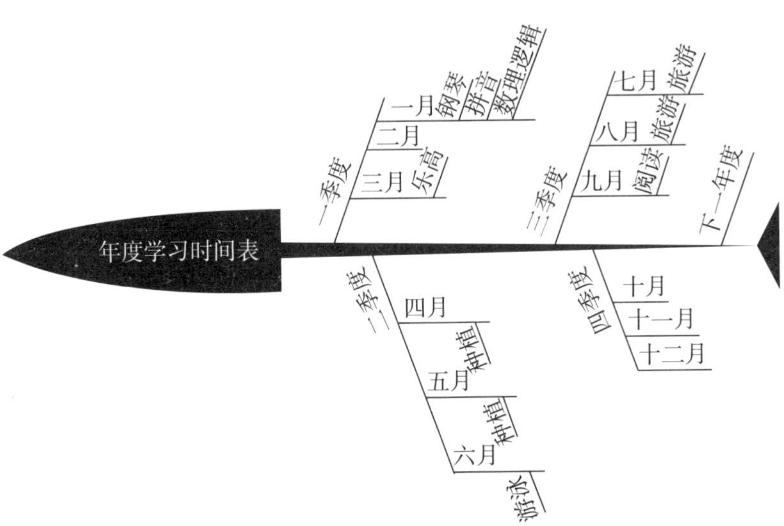

图4–2 “学习时间安排”鱼骨图

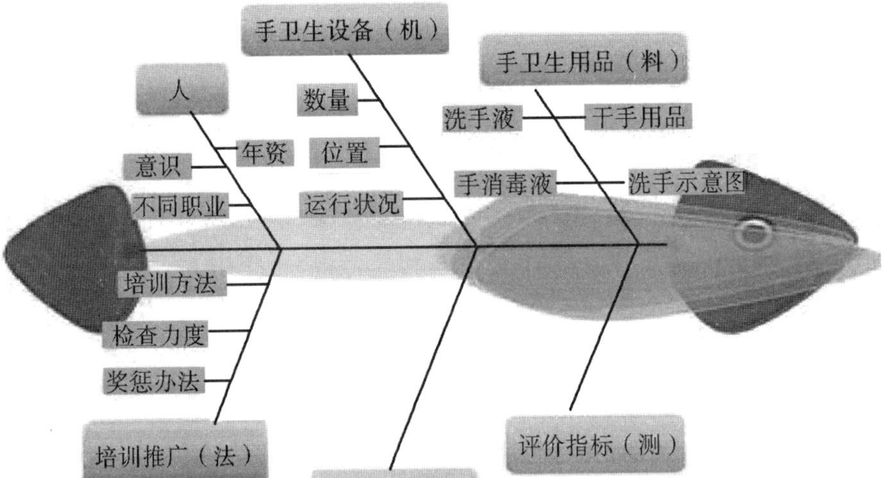

图4–3 “手部卫生与洗手方法”鱼骨图

问题的特性总是受到一些因素的影响，通过头脑风暴法找出这些因素，并将它们与特性值一起，按相互关联性整理成层次分明、条理清楚的图形，因其形状如鱼骨，所以叫鱼骨图。

图4–3“手部卫生与洗手方法”鱼骨图就可以作为拓展学习第三章第

二节中的案例“从生活现象入手——‘洗手’”时，关于思维方法的介绍材料。

5. 麦肯锡七步分析法

麦肯锡公司作为著名的企业管理咨询公司，在服务过程中遇到了很多困难，基于此，他们总结出了对复杂问题能够进行有效系统分析的方法——麦肯锡七步分析法，它是一种在实际应用中对新创公司及成熟公司都很重要的思维、工作方法。

善于解决问题的能力通常是缜密而系统化思维的产物，有序的思维方式并不会扼杀灵感及创造力，反而会促进灵感及创造力的产生。解决复杂问题的基本方法，不仅对解决企业问题非常有效，对解决任何需要深入思考的复杂问题都有效。

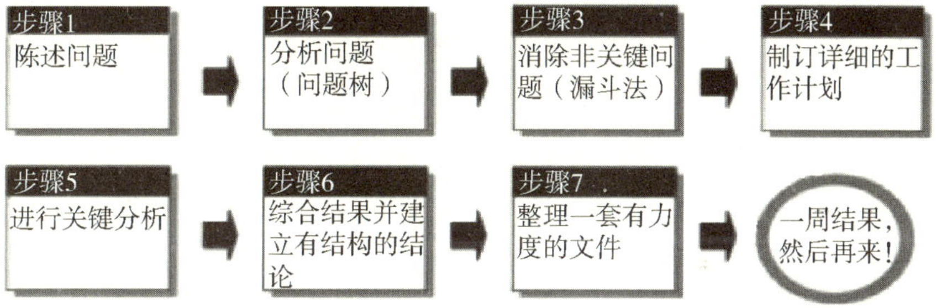

图4–4　麦肯锡解决问题的七个步骤

优秀的STEM⁺项目往往是根据实际生活中的问题提出来的，在探索解决问题的方法的过程中，利用上述七个步骤，可以让探究性学习更加有条理，解决问题的可能性提高，同时可以培养和锻炼学生的能力。

6. SWOT分析法

SWOT分析法是用来分析、确定企业在市场竞争中内部的优势和劣势、外部的机会和威胁，从而将公司的战略和资源与外部环境结合起来的系统分析方法。

在具体分析的过程中，可以通过调查将与研究对象密切相关的各种主项优势与劣势、机会与威胁等，都列举出来，并排列成矩阵形式，再把各种因素相互匹配起来进行分析，从中得出一系列相应的决策性结论。

SWOT分析法可以用于多方面，任何和商品、贸易、竞争有关系的都适用。运用这种方法，可以对研究对象所处的情境进行全面、系统、准确的研究，从而根据研究结果制订相应的发展战略、计划及对策等。若把人也看作对象，这一分析法就可以帮助你理清现状。

STEM⁺课程的学习，往往是分组进行的。因此在选择合适的探究主题，以及不同小组在比拼的过程中，都可以利用SWOT分析法，使自己的小组尽可能地处于相对有利的地位，增加主题项目探究的成功概率，在比拼中增加获胜的机会。

在小组内部进行分工时，也可以利用SWOT分析法，努力避开每个人的劣势区域，让大家都能发挥出自己的优势。

第二节　设计思维

一、STEM⁺教育中的设计思维

与传统的单科教育不同，STEM⁺教育强调的是不同学科之间的融合，以及基础素养的培养。STEM⁺教育主要分为五个层次：第一层是科学、技术、工程、数学的具体课程和各单个学科；第二层则对应学科间的相互联系，简单的联系相当于一个拼盘，其效果有限；第三层则是学科间的相互融合，相当于从拼盘变成了炒菜；第四层是添加了艺术和社会等多种学科内容的教育，提高成为STEM⁺教育，也可以形容为在炒菜过程中根据需要添加了不同类别的作料；第五层则为终身融合教育，强调对学生STEM⁺素养和思维方法的培养。

在STEM⁺教育的项目完成过程中，设计思维非常重要。设计思维并不是为了让学生设计出某个具体的东西，而是为了培养学生科学的思维方法。设计思维能帮助学生建立自信心。通过参与和完成项目，学生能提升完成目标的信心，并做出更好的决定，提升自我效能。

我们可以根据斯坦福大学设计学院提出的实施设计思维的五个步骤：同理心、定义（问题）、构思、原型和测试来培养学生的设计思维。

1. 同理心

同理心就是通过采访调查，深入了解客户的需求。在此过程中，可以通过对对方经历的分析，设身处地从客户的角度对真实问题进行分析，来发现客户真实的需求，并对其进行情感的挖掘。在分析客户的真实需求时，不但要详细了解客户可以阐述出来的显性需求，更要通过其经历，努力挖掘出客户尚不能清楚表述的内在需求和潜在需求。

2. 定义（问题）

在了解了对方的需求之后，要做的事情是写出一个问题来阐述和表达一个观点。按照思辨思维的方法，在得到一个明确的观点时，需要考虑到很多因素：通常是用自己的逻辑把所得到的信息进行重新组合，得出一个自己的观点（建构主义），并能够得到现实数据和资料的支持；倘若自己的观点得不到现实数据和资料的支持，就需要对观点进行修正。

3. 构思

以解决问题为目标，设想尽可能多的解决方案，设想项目可能涉及的人和事，然后再简化为一个具体的方法。这部分的关键：想尽可能多的解决方案；想更多样的解决方案；尽可能完善每一个解决方案，然后再将这些解决方案进行比较。

4. 原型

做出选择之后，用最快、最简易的方式表达出自己的方案。设计思维提倡的原型设计除了做产品原型之外，还强调要在制作原型的过程中发现可能存在的各种问题，找到新的可能出现的问题或瓶颈，并逐一解决，逐步完善原型。

5. 测试

设计思维所提倡的测试就是通过测试作品原型去重新审视自己的作品，甚至是去完善在第一步或第二步当中已经认可的客户需求和定下来的观点与定义；反复进行第一步到第五步的工作，以得到一个良好的结果。在这一阶段，将以小组为单位完成测试和展示。各个小组之间会进行交流、观摩、评论、反思（见图4–5）。

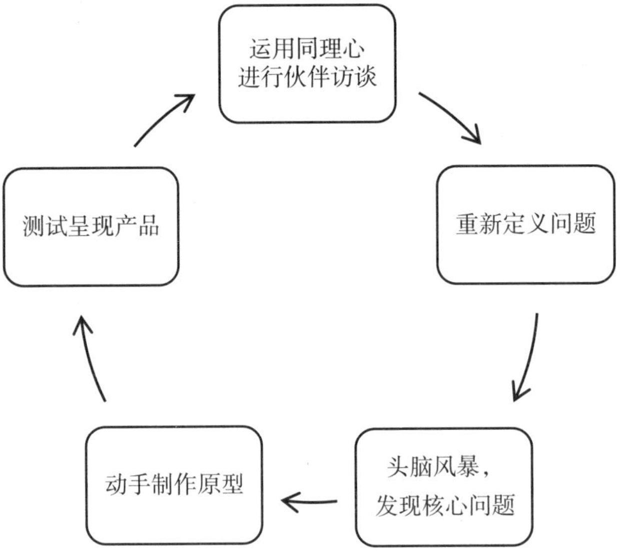

图4–5　设计思维的螺旋式提高

二、设计思维的分析方法

在聚焦问题进行分析查找原因的过程中，利用5Why分析法，可以引导分析者发现问题内在原因。对同一个问题或现象进行更深层次的思辨和分析，才可能发现隐藏在简单现象背后的深层次原因，进而从根本上解决实际问题。

下面以一家电商企业为例，介绍设计思维的分析方法。

有一家电商企业用5Why分析法，有效提升了采购人员的谈判水平，从而有效提升了企业的整体利润率。

以往每到年底，公司就会请讲师对采购部的员工进行谈判技巧的培训，而新领导上任后，却发现公司采购部员工的谈判水平依然不高，于是就开始问“为什么”了。

问题一：为什么我们的采购人员在谈判桌上，谈不回更好的条款？

答案：那是因为谈判能力不强。

问题二：为什么说他们的谈判能力不强？

答案：因为每次和供应商谈判，仅仅是针对商品的供货价格讨价还价，而不知道怎么去向供应商要他们公司市场部的宣传推广费用。供应商在别的同类型网站的市场宣传费用投入是我们的两倍。

问题三：为什么不去要市场部的宣传推广费用？

答案：因为我们的采购人员不知道用网站上的哪些资源去做供应商产品的宣传推广，也不知道怎样与他们的市场部互换资源。

问题四：为什么不知道我们有哪些资源？

答案：因为从来没有人把公司的网站资源进行定价，采购部的员工都是凭感觉自己报价格。

问题五：为什么不去整理公司的网站资源？

答案：因为没有人具体负责这件事情，大家在需要时，只能凭感觉试着干。

问题来了，采购部的员工真的不懂谈判技巧吗？如果网站资源定价的问题不解决，再牛的谈判高手也不可能从供应商那里要来关键的资源。

经过了这一次的5Why分析，新领导果断地把单纯讲谈判技巧的培训课进行压缩，然后跟运营部和市场部的同事们一起，把公司网站资源做了整合和归纳，进行了统一定价，并针对员工这一块的业务能力，进行了培训，使公司员工的谈判收到了前所未有的效果。

在设计思维的第一步，就是通过采访调查深入了解客户需求的过程中，就可以利用不断地追问“Why？”的方式，来探索客户所遇问题的根本原因，从而能够有针对性地给出解决方案。

三、设计思维的应用

很多人认为，学习的效果与刻苦努力成正比，只有耗费更多的时间与精力才能够学好。真的是这样吗？

利用创新思维方法中的逆向思维，我们从上述逻辑的反向进行思考，系统进行课程规划，是否能够实现“寓教于乐”？学习技术工程类的课程，是否能够获得“磨刀不误砍柴工”的效果？利用具有创新趣味的STEM+课程，是否可以激发学生的思维和情绪，有效刺激他们的大脑皮层，提高他们的学习效率？

创新设计STEM+课程，需要有设计思维，能从顶层开始设计、规划课程，在保证实现教育功能的前提下，拥有趣味性。我们认为，要使课程具有趣味性，需要遵循以下四项基本原则。

第一，与生活接轨。

STEM+课程的内容来自于生活实践，能引导学生对身边的事物产生好奇心，将所学知识和思想方法用于生活实践。古人云：处处留心皆学问。以身边的事物设计课程，可以从通过课程认识世界，发展到利用世界中的各种资源进行学习，从而更好地认识世界，随时随地进行学习。

第二，有趣好玩。

进行STEM+课程设计时，要努力将实验器材玩具化、学习过程游戏化，同时加入各种社交分享功能。可以用来玩的物品都是玩具，玩与学习并不矛盾。如何使实验器材能够为学生所喜爱？需要从器材、课程设计和教学安排几方面协调努力。社交分享也可以让学生将其在不同方面的进步与成功展示给朋友，引发攀比效应，从而有效激发学生的兴趣，增强学生探究的积极性。

第三，提高学生的基本技能，尤其是系统的思辨思维能力。

利用游戏的特点，实现自我扩展式的沉浸，根据学生的进步和技能的提高，不断提高难度，从而逐步提高学生的技能水平。就像利用人工智能技术设计的自适应考试那样，根据学生的特点和能力，让他们按照STEM$^+$教育的方式不断地探究和思考下去，逐步建立起系统的思辨思维能力。

第四，开放的使用方法，让学生做器材的主人。

允许学生利用器材进行活动，把这些器材当玩具，主动去说、画、拆、装等。采取针对性措施，引导学生对照自己的探索目标和进度，及时调整探索的策略和方法，以促进目标的达成。在探究过程中，要不断激励学生战胜困难，获得成功，从而使学生始终处于积极、活跃的学习状态，保持较高的学习效率。

北京师范大学教授余胜泉认为，STEM$^+$课程就是把学科知识融于有趣、具有挑战性、与生活相关的问题中，问题和活动的设计要能激发学生内在的学习动机，问题的解决要能让学生有成就感。STEM$^+$课程强调分享和创造，强调让学生在分享中体验，在分享中获得快乐与成就感。把STEM$^+$课程的教育过程游戏化（将游戏的元素、方法和框架融于教育的场景），将基于探索和目标导向的学习嵌入游戏中，有利于发展学生的操作技能和团队合作能力，而且更多相关科学内容的主题，也可以得到更多、更理想的教育产出。

例如，我们在第六章中介绍的“追光逐梦”教学案例，就利用较大功率的激光笔爆裂不同颜色的气球增强了课程的趣味性、体验性和情境性，有效地激发了学生的兴趣。这样具有游戏化特点的探究活动，能调动学生学习的积极性，课程的趣味性能真正落实到具体的内容上，教学过程中学生兴奋的尖叫和学习的积极性充分说明了这一点。

第三节　工程思维

一、STEM+教育中的工程思维

STEM+教育是基于项目、基于问题的学习，将科学、技术、工程和数学以及相关的其他学科的知识融合起来，引导学生去认识、分析和解决实际问题。在解决实际问题的过程中，需要有技术与工程的思维方法。

STEM+教育提高了学生的学习兴趣和学习效率，而在STEM+教育中，学生的兴趣是一切的根本，没有兴趣就没有效率。与此同时，工程思维也不再局限于传统的理工科领域，工程思维的培养成为STEM+教育的核心。基于中国教育的现状和国家产业发展的目标，STEM+教育应该把重点放在技术教育和工程教育上。

工程学是通过研究与实践应用数学、自然科学、社会学等基础学科的知识，来达到改良各行业中现有建筑、机械、仪器、系统、材料、加工步骤的设计和应用方式的一门学科。

在高校里，将自然科学原理应用于工业、农业和服务业等各个生产部门所形成的诸多工程学科也称为工科或工学。与之相对应的思维方式就被称作工程思维。与科学思维不同，工程思维是价值定向的思维，要考虑以尽可能低的成本达到尽可能好的效果。从理论上来说，工程就是造物的具体活动，工程思维就是与具体对象联系在一起的、针对具体问题的“特殊性”思维，与之相对的科学思维，则是超越具体对象、探索共同规律的“共性”思维。

工程思维的特点是战略严格、战术灵活，具体来说就是要实现的目标是相对严格的，但是如何实现目标，手段上可以灵活，某些情况下连蒙带猜地做出来也是可以的。与之相反，科学思维则是战略上灵活、战术上严格，具体来说就是目标相对灵活，比如，一个原理探索不出来结果，可以考虑先探究一个更小的原理，或者是相关的另一个问题，但是具体的证明步骤必须是严谨的。

二、工程思维的分析方法

工程思维的特点是有明确的范围与数量。为了让思维更好地展开，将前面已经介绍过的5W2H分析法拓展成5W2H1E分析法。

5W2H1E分析法是一种综合性的分析方法，这种系统的分析法，可以使学生在遇到问题时能够按部就班地进行分析，快速打开思路。

（1）What：什么？做了什么？什么影响？什么范围？什么意义？问题是什么样的？做什么工作？工作的目的是什么？

（2）Why：为什么？为什么要做？可不可以不做？有没有替代的办法和方案？

（3）Who：谁？事情应该由谁来做？

（4）When：何时？什么时候发生的？什么时间做最好？什么时机最适宜？

（5）Where：何处？要在哪里做？

（6）How：怎么样？怎么做？这样做怎么样？不这样做又怎么样？如何提高效率？如何实施？方法是什么？

（7）How Much：多少？做到什么程度？数量如何？质量水平如何？费用如何？效益产出和性能价格比是多少？

（8）Effect：效果，工作的目标效果，预测和规划的实现程度。

在思考的时候，大家都希望能够考虑得更全面、更完整一些，按照5W2H1E分析法，从这八个方面都进行思辨，再将这八个方面的内容结合起来进行系统性思考，就可以让思辨更全面、完整。通过对这八个方面的思考，解决时间、地点、人物、事件、情节、背景和数量等问题，不但通俗易懂便于记忆理解，而且可以使复杂的问题简单化，有利于找出引发问题的根本原因，从而奠定科学决策和解决问题的基础。

数量概念的引入，不但考虑了解决问题的成本，而且有了工程的思维方式，即使是在可以解决全部问题的情况下，考虑到性能价格比的因素，可以先解决棘手的现实问题，然后再逐步升级，有效提高社会和经济效益。

基于工程设计等方式的工程学理念与思维的教育，一直是教育研究的重点，在当今这个大众创新的时代，工程思维也被视为创新必备的逻辑思维能力。

从教育的角度而言，工程思维应该覆盖每一个教育阶段，不应该“脱节”，不论是在基础教育阶段，还是在高中与大学阶段，我们都应该注重培养学生的工程思维，帮助学生理解和体会工程对个人、事件、社会的影响，从而使学生可以迎接未来各种复杂的问题和挑战。目前，大学里有了专业的工科教育，高中里也有相应的通用技术课程，而在中小学阶段，就主要依靠STEM+课程了。

三、工程思维在主题项目中的应用

未来教育集团、深圳大学与深圳某公司合作，利用铝合金管材作为结构材料，结合外转子电机和控制设备，开发了“智能无人车”主题项目，该主题项目涉及工程技术的诸多行业，如材料、机械、动力、车辆、电机、电子、能源、信息技术、自动控制和人工智能等行业的技术应用。

在这一主题项目中，需要考虑如何搭建技术应用的框架，选择哪些技术实现什么样的效果等，是工程思维教育课程中一个很好的主题项目（见图4–6）。

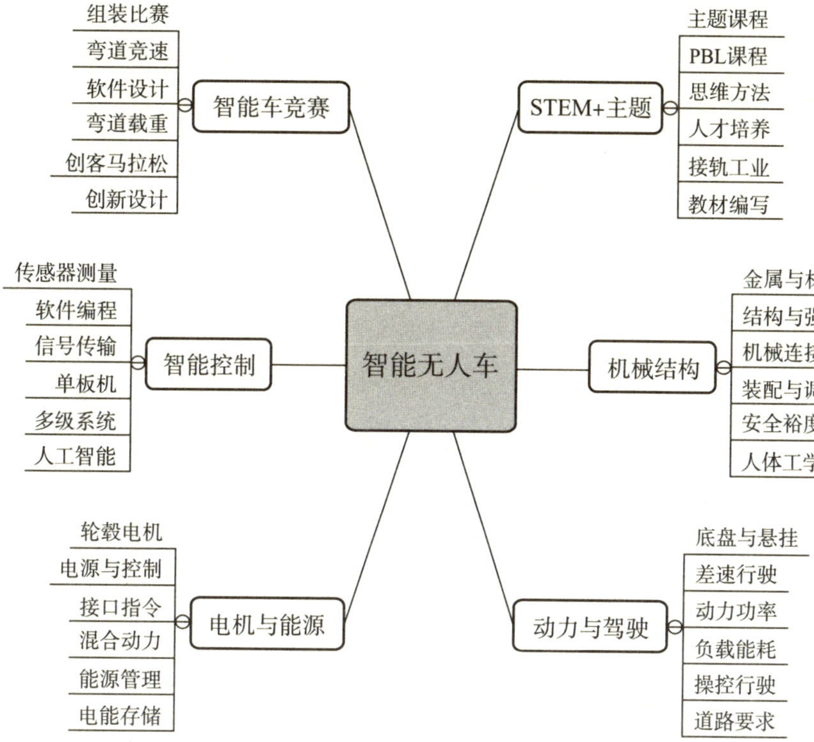

图4–6　“智能无人车”主题项目

结合诸多工业应用的实际，有关智能无人车竞赛的项目可以尽可能地结合实际应用。例如，将组装竞赛项目与弯道载重行驶竞赛项目结合起来，让参与竞赛的学生，将给定的简单轮椅车先组装起来，并安装好轮毂电机，将控制板接好线。

由于组装好的轮椅车还要进行载重弯道竞速行驶的比赛，学生在简单组装好轮椅车后，必须进行调试，从中真正体验到工程技术的要求和作用。在完成调试后，在自己组装好的轮椅车上放置100千克~150千克的沙袋作为车辆载重，由参赛队员控制小车在弯道上竞速行驶，以载重能力强、在赛道上行驶时间少者为优胜。由于小车载重比较大，此时对小车调试的水平就会显露出来。而且在提高载重能力和缩短弯道行驶时间之间，还可以建立起一种权重参数关系，让参赛的学生，可以根据自己的特长，利用工程思维进行最佳性价比的选择。

四、工程思维与职业规划

工程思维是价值定向的思维，是要以尽可能低的成本达到尽可能高的效果。这种思维方式也可以用在学习目标的制订和职业规划的认定上。

如何实现自己的人生规划，寻找到适合自己的职业发展道路？每一个学生都要运用工程思维，为自己的人生发展进行有效的规划。

学习和教育的基本目的到底是什么？从学生的角度来说，是通过学习，提高自己适应工作的能力，可以在走向社会之后更好地适应社会。在基本技能、知识层面、思维方法及适应环境变化等方面，通过学习都可以得到提高，悟性好、素质高的学生，可以更快地适应更高层次的工作要求。同样，从社会管理层的角度来说，也希望通过教育培养出更多素质高的基本劳动大军。

既然学习和教育关系到学生将来的职业发展和工作效率，那么其发展方向就有了明确的目标，可以用工程思维来进行规划。根据木桶理论，学生学习的重点应该是影响其职业发展规划进程的那个最短的木板，即进化最慢的子系统。

考上大学尤其是考上大家所说的好学校，一直是教育成果的评价指标之一。然而，就考上大学这件事，都没有把必要工作做好。据《中国青年报》社会调查中心发起的一项10万多人参加的抽样调查显示：有71.2%的人后悔自己当年填报的高考志愿。曾有这样一句话来形容高考志愿填报的重要性："三分成绩，七分志愿"，也就是说志愿填报也很重要。

在工程思维指导下的科学的升学决策绝不仅仅是比照分数选择一个好

学校，更重要的是根据自身的能力特点、兴趣爱好，以及未来技术的发展趋势及高考成绩等因素，选择最适合自己的专业与学校，如果决策正确，就不会出现“考进好学校，毕业后难就业”的现象，更不会有退学后重新参加高考，在第二次高考后报考另外一个专业的现象。

根据一些服务机构的调查，在考上大学的考生中，有69%的人不了解专业信息；有58%的人是根据自己的高考分数选择了能够报考的最好学校；只有16%的人有明确的目标专业；而有15%的人被父母包办了高考志愿。

重视工程思维培养的STEM⁺教育似乎也可以从职业规划做起，先帮助能够考上大学的人将职业规划做好。现在，转工作和转行业似乎已经成为常态，虽然有技术发展速度快、职业变化快的原因，但另一个重要原因就是许多大学生不确定自己的职业发展方向，他们没有发现自己的喜好，不知道自己的特长、优点，不会选择符合自己性格特点的行业与专业。要想发现自己的喜好和性格特点，不但要利用工具进行测评，更重要的是要参与相关的实践，在实际活动中体验自己的喜好和性格特点，感觉所喜好内容给自己带来的愉悦感和成就感，从而找到并坚定自己的选择。

我们可以将TRIZ方法里的八大系统进化法则的思想“山寨”到学习的发展进程中来：一是要懂得学习发展的规律；二是要明确学习发展的方向；三是寻找并改善拖累学习发展进度的最大问题；四是增加学习的可调整性和可控性；五是尽量将学习的内容进行模块化（分科）处理；六是做好不同学科也就是子系统之间的协调；七是简单的变化尽量程序化；八是做好细节和微观的工作。

反观现在，很多人的思想是不完整的，只考虑了中小学的学习过程，学习的目标仅仅是考上大学，达到这个目标后也只是简单地将最新目标迭代为读研究生，至于自己的发展方向、在社会中的定位反而思考的很少。

目标不明确，在学习过程中缺乏工程思维，不知道如何结合自己的现状完善学习进程，是现在很多人感觉人生迷茫的症结所在。有些人在细节上做得很好，高考的分数很高，也有机会考上顶级大学，但没有职业规划也是远远不够的。

STEM+课程，除了让学生可以尽早接触工程技术，从而认识和了解相关的专业特点外，更重要的是能够引导学生利用思辨思维和工程思维的系统方法，结合职业规划中的性格与取向特点测评，从更高的层面进行系统化思考，更好地认识自己的职业倾向和选择方向。在明确了自己的发展方向之后，就可以有效地提高学习的目的性、积极性和趣味性，从宏观层次上规划学习的内容和进程，运用工程思维对学习过程进行系统规划，从而有效提高学习的效率和效果，促进每一个学生成长并成才。

第四节　创新思维

一、创新思维的起点

前面我们谈到了工程思维的培养应该从高中和大学延伸到中小学基础教育领域当中的设想，关于创新思维的课程，也应该覆盖到每一个教育阶段。目前，大学里有了专业的创新思维与技法课程，高中里的通用技术课程里也有创新思维与技法的相关内容，但是在义务教育阶段还没有相关的课程。

实际上，1980年前后，上海交通大学的许立言先生就把创造学引入了国内，为了推广创新教育，他与张福奎先生一起，在当时上海市闸北区一所普通小学——和田路小学开始进行创造教育的研究。他们在奥斯本稽核问题表的基础上，借用其基本原理加以创造，从而提出适合小学生思维水平的“和田创新十二法”，且该校的徐琛等学生在小发明活动中创造的作品还获得了世界科技比赛的金奖。

深圳市福田区景秀中学（今科技中学）教师吴庆元，在初中学校开设了创新教育校本课程，并编写了《学会创新》校本教材。在近几年的各种科技竞赛中，该校学生获全国、省、市、区级奖项400多个，在头脑奥林匹克比赛中获全国比赛第2名，并获得赴美国参加世界比赛的资格，劳技作品获教育部银质奖章。

以上两个案例说明：创新教育课程完全可以进入义务教育阶段，从小培养学生的创新意识。在目前中小学现有课程当中无法安排创新教育的内容，而STEM⁺教育的综合性特点，正是一个安排创新课程的好模式。

所有创新的起源都要有创意，即有效的创新思维能力。那么，怎样才能具有创新思维能力呢？创新思维的特征就是突破传统思维模式的局限，对所有的事情都能去问一个为什么，而且能够连续追问下去。

人们进行思维的目的就是把握客观事物之间的联系，把握一些事物的变化和另一些事物的变化之间的关系。正是以此为基础，人们才能预测将来的变化，从而引导自己的创新行为。在STEM⁺教育中，需要提高思维能力与水平，尤其是思辨思维。即使在顶尖大学里，大学生们也认为：这样的课程，会使人产生全方位的提升，是在大学学习阶段对大学生影响最大的课程。

二、创新思维的方法

介绍创新思维的书籍很多，在这里我们提供一个关于创新思维方法的汇总表，供有兴趣的读者按图索骥，进行对应的查找。

表4-1 常用创新思维方法

创新思维	逆向思维	反向思维	采取反向思维来寻求解决问题的思维方法
		横向思维	从其他领域的事物中得到启示而产生新设想的思维方法
		回归原点	把探究的问题再返回到其初始状态，重新开始新的探索
		相反相成	从事物的反面思考问题，反其道而行之
	形象思维	类比思维	将陌生的问题与已经解决了的问题进行类比
		联想思维	某种诱因导致的不同表象间发生联系的自由思维活动
		仿生模拟	模仿生物组织结构和运行模式的制造系统新设计的思维
		联姻比较	门类众多的科学学科的相互联系和相互渗透
	发散与收敛思维	发散思维	扩散状态的思维模式，思维视野广阔，呈现多维发散状
		收敛思维	集中于同一方向，使思维条理化、逻辑化、规律化
		分解组合	分解之后再组合，功能模块的再组合
		推陈出新	有价值的旧事物，更新换代或改进后即为新事物
	直觉与灵感思维	想象思维	在经验记忆的基础上，在头脑中创造出全新的形象
		直觉思维	未经逐步分析，仅依据感知迅速地做出判断和猜想
		灵感思维	凭直觉进行的快速、顿悟性的思维方法
	逻辑思维	演绎思维	从一般性前提出发，通过推导得出具体结论的过程
		归纳思维	从个别性知识推出一般性结论的推理方法
		有序思维	按规则和秩序进行有目的的思维的方法
	综合思维	整合方式	先做不设限的设想，再设法通过逻辑方法来验证
		综合方式	先集中分析问题的关键点，再设想解决方案
		系统方式	将创新思维系统化和程序化

创新思维方法不仅应用在新产品开发等科技领域，在其他领域也有有效的应用。

在经济管理领域运用创新思维，设计企业的运营方式。

传统的商业理论是以产品为中心的，原材料→生产加工→运输→销售，以产品生产的顺序来规划企业的运营，要求企业不断完善自己的产品，提高市场份额，从而增加销售收入。

然而利用逆向思维方式，就可以建立以客户为中心的思想，将传统的价值链翻转过来，客户成为第一个环节，后面的各个环节均以客户需求来驱使：客户偏好→销售渠道→产品或服务→投入要素或原材料→资产和核心能力。其思考顺序为：①客户的需求和偏好是什么？②以何种方式可以满足客户的这种需求和偏好？③最适合这种方式的产品或服务是什么？④提供这些产品和服务的投入要素或原材料是什么？⑤使用这些投入要素或原材料所需的关键资产与核心能力是什么？⑥问自己，为了做到这些，我需要做出什么改变？

在教育领域运用创新思维，能够在各方面进行很好的创新。

比如，慕课是大规模开放的在线课程，是多种创新思维组合的结果。慕课以联通主义理论和网络化学习的开放教育学为基础，像传统的课程一样让学生循序渐进地进行课程的学习。从慕课的结构和作用可以看出，慕课是逆向思维的产物，将传统的在课堂里教师讲课、学生听讲的过程和顺序完全改变了。慕课也是收敛思维的结果，它将教育过程与计算机网络技术结合在了一起。

三、创新思维的形象

1. 创新与创业的关系

谈到创新，势必会联想到“大众创业、万众创新”的“双创”活动。那么，创新与创业是什么关系？培养创新思维是否就是为了创业？

具体来说，创新的方案是从哪里来的？现在大力引导和鼓励大学生进行创新与创业，除了提供优惠政策进行鼓励外，如何从思维和逻辑上引导大学生进行创新与创业？创新与创业之间拥有什么样的逻辑关系？中小学生应该如何来认识这种关系？

从创思开始，经过创出、创意、创作、创建、创业到创投这“七创”，表现出了从设想、作品、样品、产品到商品的创新进程，也从另外一个角度表明了创新与创业的关系。

仔细分析这“七创”，也就是分析创思、创出、创意、创作、创建、创业和创投按顺序的有机组合，以及它们的内在逻辑关系，会对“双创”活动有更深层次的认识，对创新的进程有更深刻的理解。

第一步是创思。思者思维也，是创新的动机。创思是发现了需要解决的问题，尽管有时这个发现是很肤浅的。创思就是结合多种思考，有一种解决实际问题的简单思维。要重视直觉和灵感，许多创意都来源于直觉和灵感。具体来说，创思实际上就是个人在思想层面上有了新的思路、设想与新的思维方法，起源于开拓性思维和大胆设想。但是在创思阶段，这些新的思路、设想或思维方法基本上是仅仅存在于创思者的头脑里，暂时还无法详细地给别人做出解释，更谈不上设计和做成什么东西。

第二步是创出。创出是创新思维蓝图的外化。将个人思维层面的想法升华到可以交流和输出的层面，可以用语言、文字、图画或表格等形式，将创思者头脑里的思维系统地表达出来，让其他人能够充分地认识和理解。在这一阶段，有了信息输出，能够进行对比和探讨，可以分工协作，当有了相对完整的方案时，就不再是某个人头脑中的想象了。

第三步是创意。意者意念也，是参与探索的人的共同意识、观念和智慧。创意，是创造意识或创新意识的简称，是参与探讨的人在思维上的突破，具体可以是在产品、营销、管理、体制和机制等方面的思想主张上的突破，是创新的起步。

第四步是创作。将创意阶段中少数人在信息交流层面上的构思，落实到物理或物资层面，变成物理化的新作品。创作就是直接产生艺术和科学作品的智力活动，其过程：①为表现对客观世界的认识而采取的行动；②行动的结果直接产生文学、艺术或科学作品，即将思维中的能创造价值的产品设计方案进行落实，制作出一个可以验证和实现目标功能的样品，也是对创意思维的最好验证。新作品可以让更多的人感受和体验到创意的作用、意义和价值，这时创作者才成为一个真正的创客。

第五步是创建，就是创造一些新的作品。有时作品的意义并不像创作者想象的那样好，服务的目标对象也并不是那么认可作品，因此需要对创作的作品再次进行创意的审核、创新的交流和再设计，旨在通过重复的修改制作出令目标对象喜欢，并能感受到创意和创新意义及社会价值的作品。

第六步是创业。创业是将有价值的创客作品转换成产品进行实际应用，将创造的层面从思维层次通过可交流层次和其后的可感受与体验层次，达到能够创造价值的层次。创造的单个作品，最多只能为少数人解决问题、创造价值，而创业才能够批量化地为更多的人解决问题，为一个群体创造价值，只有批量化地创造价值才可能成为事业。

第七步是创投。创投是利用社会资源将这些有比较好的前景的产品生产经营规模化，满足更多顾客的需求。对创投项目的选择和分析是一个非常重要的、严肃认真的工作过程，创投的VC投资人与PE投资人不一样，他们的投资都在项目早期，投资项目的失败率相对较高，为了提高投资的成功率，VC投资更看重创业企业的发展前景和发展速度，因此VC投资人对高新技术应用和创新型的创业企业具有更大的兴趣。同时，创业企业的竞争优势、市场竞争战略、商业模式，以及管理团队的和谐程度和完善程度，都是投资人需要进行综合评估的重要因素。

2. 创新的范畴

著名经济学家、创新理论大师约瑟夫·熊彼特从经济发展的角度，探讨了创新在经济发展过程中的作用，并提出创新在经济发展过程中起核心作用。根据熊彼特的理论，创新是经济发展最重要的要素，没有创新就没有发展。创新的出现，带来了经济的发展；创新的消失，导致了经济的停滞。创新实际上是在经济体系中引入新的生产函数，造成了原来的效益成本曲线的变化与更新。经济的变革，如成本的降低、经济均衡的打破等，都应主要归因于创新。

熊彼特在分析创新作用的基础上，进一步指出了“创新”的五种情况：①采用一种新的产品；②采用一种新的生产方法；③开辟一个新的市场；④掠取或控制原材料或半制品的一种新的供应来源；⑤实现任何一种工业的新的组织。这些可以归纳为五个创新：产品创新、技术创新、市场创新、资源配置创新和组织创新。这里的“组织创新”也可以看成部分的制度创新。

具体举例来说，华为推出新款的Mate20手机是产品创新；移动电话通信网络，从模拟信号转化成GSM数字网络，是一种技术创新；利用“一带一路”概念，中国中车二院工程集团有限责任公司在俄罗斯建设高速铁路，使国产的高速铁路的基础建设、设备材料和管理运营系统走出国门，是一种市场创新；美国实现大规模商业性开采页岩气，并大规模出口天然气，是资源配置的创新；而共享单车系统的建设与服务，是组织创新。

以英国的工业革命为例，在工业革命中，产品创新就是有了规模化生产的质量稳定有保障的“洋布”；技术创新就是有了织布用的飞梭、珍妮纺纱机和蒸汽机；而利用国际贸易方式将英国生产的布匹销往世界其他国家，就是市场创新。在美国开辟殖民地农场，广泛种植棉花，在棉花种植园需要劳动力的时候，又从非洲运送劳动力到美国，甚至在海洋运输过程中，从非洲运送劳动力到北美，从北美运送棉花到英国，再从英国运送棉布等工业品到南欧和北非，尽量减轻海洋船舶的放空行驶，这些都是典型的资源配置创新。而组织创新就是整个工业的组织、结构、形态发生革命性变化，是一个系统工程。除了技术革命以外，英国工业革命真正关键的内容，是把工业的组织形式进行了重新制度化，建立起了现代意义上的工厂制度。

英国工业革命中的工厂最大的特点并不是采用了机械，而是使整个工厂像一个机械装置一样，把纺纱机（或织布机）和工人都集中起来统一管理。每个人都要按照统一的标准、统一的节奏来干活，并且有明确的分工。实际上，这样的工厂代表着一种全新的生产组织制度，与原来那些手工业作坊、手工工场有了本质的区别。

3. 创新的层次与深度

根据TRIZ理论，可以将发明专利分解成五个层次，而这五个层次的分类逻辑思想，也可以用来分析与衡量创新的层次与深度。

TRIZ通过分析专利发现，不同的发明专利内部蕴含的科学知识、技术水平有很大的区别。在没有分清这些发明专利的具体内容时，很难区分出不同发明专利的知识含量、技术水平、应用范围、重要性和对人类的贡献大小等问题。把发明专利依据其对科学的贡献、技术的应用范围及为社会带来的经济效益等情况划分一定的等级加以区别，就可以清楚地看到每一项发明专利创新的层次与深度。

表4-2　发明等级与创新思维和技法

发明等级	比例	涉及知识	创新程度	复杂程度	创新思维	创新要求	创新技法
第一层次	32%	个人	明显的解答	简洁	直觉、组合	简单	模仿和试探
第二层次	45%	企业内部	明显改进	标准问题	逆向、联想	基本完善	四类技法
第三层次	18%	全行业	重大改善	非标准问题	系统组合	众多且全面	TRIZ
第四层次	4%	跨行业	创新系统	极端问题	全面系统	复杂且高深	系统TRIZ
第五层次	1%	所有知识	新行业	独有问题	创新性	独创	TRIZ+
第六层次	~	全新知识	全新理论	无法表述	天才独创	天才	/

第一层次的发明多数为参数优化类的小型发明，约占专利总数的32%。这个级别的创新解决方案显而易见，并不需要任何相邻领域的专门技术或知识，通常是对已有的具体产品进行简单改进，并不影响产品的整

体结构，只要是特定专业领域的有心人，凭个人已经掌握的知识和经验在更广泛的范围推广应用，基本都能够做到这类创新。例如，将塑钢窗以厚度隔离能够更好地保温，用重型卡车替代轻型卡车以降低运输成本、提高效率。

第二层次的发明是通过解决一个技术矛盾对已有系统进行少量改进，约占专利总数的45%。创新对现实问题有次要程度的改善，可以解决技术系统中的一些矛盾或使矛盾程度减轻，通过解决一个技术冲突而对已有的系统进行少量改进，在创新过程中主要是采用本行业的理论知识和经验，通过与同类系统的类比即可找到创新方案。例如，在焊接装置上增加一个灭火器、斧头的空心手柄处可以储藏钉子、可调整的方向盘。

第三层次的发明是对已有系统的根本性改进，约占专利的18%。对已有系统做的重要改善可以解决技术系统中的一些重大矛盾，通常是采用了本领域之外的已有方法和知识来解决问题，并对已有的系统进行根本性的改进和创新。例如，汽车上用自动传动系统代替机械传动系统、计算机使用鼠标、电钻上安装离合器、圆珠笔、登山自行车。这一类问题的解决主要采用本行业以外的已有方法和知识，设计过程中要解决大矛盾。

第四层次的发明约占专利的4%，有根本的概念性变化，需要用ARIZ工具解决技术系统中的矛盾或产生新的核心技术，这类发明是采用全新的原理完成对已有系统基本功能的创新，主要是从科学的角度而不是从工程的角度出发，充分挖掘和利用科学知识及原理，实现新的发明创造。例如，第一台内燃机的出现、集成电路的发明、充气轮胎、记忆合金管接头、个人电脑以及虚拟现实。

第五层次的发明约占专利的1%，根据新科学原理提出前所未有的新发明，依据自然规律而产生的新发现，是罕见的科学原理导致的新的系统发明。例如，计算机、形状记忆合金、蒸汽机、激光、灯泡的发明。

第六层次就不再是技术发明了，而是在基础理论上的重大突破，是一种全新的创新思维的呈现，建立起了全新的科学原理，可以更深层次或更广范围地分析自然规律，并指导新的科学研究。例如，爱因斯坦的相对论。

四、体制的微创新

目前教育的矛盾主要集中在评价和人才选拔的方式上，所谓“高考指挥棒”就是指单一分数的评价模式，造成了中小学教育专注于考试的科目和内容的反复练习的现状，从而导致了寓教于乐和因材施教的欠缺。施一公曾经用“均值很高，方差很小”来评价中国的教育。他指出，“我们太喜欢管，太喜欢按计划，太喜欢给一个框子框着学生”，并对中国教育的目标和管理方式提出了不同的意见。

高考还是选拔人才的主要方式，为了社会的稳定和公平，这一选拔方式还将继续多年。为了改善单一分数的选拔方式，也为了能够选拔具有学科特长和创新潜质的优秀学生，一些高校会拿出招生计划总数的一定比例进行自主招生。但是这样的自主招生，存在增大城乡矛盾的可能性。

除此之外，每年有很多高中毕业生出国留学。但出国留学高额的学费和生活费，是这些家庭一个沉重的经济负担，也是国家在服务产业上的一大损失。

学生选择出国留学，除了可以避免单一分数选拔模式，可以更好地展示自己的优势外，也是希望能够进入更好的大学，以独立自主的方式，学习到适合自己的知识体系。

倘若能够系统地引进一些发达国家的高中和大学在我们国内办学，按照国外的录取方式进行学生选拔，就可以使某些矛盾得到缓解。同时，鼓励类似于南方科技大学和西湖大学这样的地方独立的、民间的办学，让一部分愿意参与创新和改变的人可以去尝试新的教育模式。

考虑到教育系统需要稳定，开始只能进行局部的微创新。尽管南方科技大学在探索中遇到了一点挫折，但探索仍在继续。

体制微创新可以有哪些方式呢？

（1）利用特定条件分离矛盾。如深圳利用地理优势，和香港大学合作，开办香港大学深圳校区，同时将国外一些大学的人才选拔方式及个性化教育方式引入香港大学深圳校区。由于不受内地合作办学的限制，在招生过程中就可以不受高考和分数的限制，可根据专业的特点和对中学毕业生的综合考察来确定招生的对象。

（2）引进国际上的多参数人才的选材标准和教育服务管理体系，重点进行国内预计人才缺口比例较高的节能与新能源汽车等理工类专业的大学教育，改出国留学为引进教育服务的国内留学；就近观察国外大学是如何来进行人才选拔的，其后的教育又是如何进行的。另外，由于将国外的大学教育引入了国内，也避免了中国学生到欧美等地读大学给父母带来的紧张情绪，且不必再支付高额学费，不但为这些学生的家庭减轻了经济负担，也为降低整个国家服务贸易的逆差提供了帮助。同时，也为更广泛的中外高等教育合作奠定了基础。

除此之外，国外和中国香港大学的教授、工程师及企业高管，可以直接来深圳授课，缓解一些重点行业人才紧缺的问题。

香港大学的多参数选拔方式，尤其看重STEM+教育及综合运用知识解决问题的能力，这便能引导那些思维活跃、有综合解决问题能力的学生更加注重能力的培养，从而获得成功。而且，通过这种方式，可以逐步改善目前存在的因材施教与公平选拔之间的矛盾。

“十年树木，百年树人。”教育是一个比电力系统要求更加稳定，不允许出错，不能也不允许做不好重新再来一次的特殊行业。所以在教育改革上，需要更加谨慎，只能逐步改善，只有在确保第一步的改变是对的，不会有问题的情况下，才能进行第二步的改变。教育是没有捷径可走的。

从TRIZ理论的系统分析里我们可以看到，即使是技术的发明创新，也只是在本行业的领域和范围里进行完善，且超过四分之三的发明创新仅仅是在原有基础上做一些简单的和稍微有效的改善。在大量轻微改善的基础上才有可能有一次重大改善的机会，在本行业里许多重大改善的基础上，才有可能与其他行业进行深入的交流和融合，才会有跨行业的创新发生。

另外，在基本能力相当的前提下，用人单位更欢迎知识面广的人才。在TRIZ理论这里我们似乎找到了这种要求的依据：能够跳出本来的行业、涉及因素越多的创新，其创新的层级就会越高；而跨行业、涉及知识维度多的创新工作，对创新人才的要求也更高。

五、新高考模式展望

新高考模式，可以让学生在特定的范围里，选择参加高考的课程，在高考时不但可以扬长避短，而且可以表现和突出自己的特长。

在不同的考试课程选择中，会有不同的组合，有关不同学科内容的融合，就有可能逐步进入考试的范围当中，而能够提高综合能力的STEM⁺课程内容，就有可能成为选拔考试的内容之一。在《制造业人才发展规划指南》及《中国STEM教育2029行动计划》的引导下，一些高中开始对接有关的项目内容，在招生开始就建立起专项的创新人才培养班，以“科创”为学校和该培养班的优势和特色，着重培养学生的创新思维和科学探究能力。

作为中国学生考试的标志和代表，除了高考外还有中考。高考是一个选拔性考试，目的在于选拔拥有高等教育资格的学生。中考除了具有普通高中的选拔功能外，还兼有义务教育完成阶段水平查验考核的责任。根据国家统计局的数据，2014年全国初中毕业生约1413万人，2014年全国高中招生人数约796.6万，普通高中升学率约为56.38%。而高考的录取率（包括专科和高职）约为74.33%。这里就出现了一个矛盾：高考作为选拔性考试，录取率约为74.33%；而同时兼具查验考核和选拔两个目标的中考，其录取率才刚刚突破了一半。这对中国的考试制度提出了一个大大的问号！

中国的考试大致可以分为三类，第一类是资格选拔考试，小升初、中考、高考都是资格选拔型的考试。第二类可以归结为服务水平审查类考试，包括学校里的单元小考、期中、期末和毕业时的考试，这些考试是班级、年级、学校、区（县）教育局甚至更高层的教育管理部门自己组织的考试。第三类是人才认定或资格类考试，如各种职业资格考试等。

而现在大多数地区的中考将上述第一类和第二类合在了一起，容易导致行为偏离目标，难以达到预期的目标。举例来说，一个初中毕业生在中考时，分数很低，不及格，除了说明该学生在高中的选拔中表现不佳，不适合上高中外，是否还能说明该学生没有达到义务教育的基础标准，还需要继续进行义务教育达标的学习？如果不能说明这个结果，那么应该以什么样的方式和标准来进行某个具体初中毕业生的水平审核？如何来认定该学生在义务教育阶段的学习是否达标？

法国传统大学的“宽进严出”方式是否可以作为我们高中选拔的参考和借鉴？其方式是，通过了初中毕业考试的学生都可以进入高中，爱学习、愿意去参加高考的学生都可以进入高中学习，学校将原来的入学资格选拔考试向后移，以每个学年的水平考试来取代，逐步淘汰那些不适合学习和学习效果不佳的学生，并将这些学生的学籍转到职业高中去，让这些不适合学习理论的学生去学习适合自己的职业技能。

另外，随着考试科目与内容的增加、选择范围的增加，特殊考试内容也会逐渐进入考试内容里，就像艺术类院校招生，就要加考有关音乐、声乐、绘画、表演、舞蹈等专业性的课程。

艺术类的考生可以进行本专业的特殊课程的考试，并算在招生录取的分数内，我们期望在工程科学领域内，有关工程技术的能力和技巧也能成为工程类学校录取的参考材料之一。

第五章

STEM^{+}教学涉及的制作工具

第一节　基础工具和材料

STEM⁺活动和制作需要有一个空间，这个空间既是一个开放的工作室，又是一个孵化创意的加工车间，所以需要配备一些必要的基础工具，如机械类工具、电子元件以及机械结构组件等。此外，还需配备以下材料。

一、电子材料

1. 常用电子零件

表5–1　常用电子零件

类别	元器件	规格关键点及耗材	用途
电子零件	电阻	直插及贴片	
	电容	电解电容、普通电容，直插及贴片	
	二极管	耐压、电流、用途、发光	
	三极管	NPN、PNP，功率、频率	
	蜂鸣器和喇叭	灵敏度和功率、频率范围	
	开关	按钮、轻触	
	实验板	表面镀锡，快速电路原型焊接	印刷电路板制作
	接线端子	可靠性、强度、对外连接方式	
	电池盒与电源	电池个数、总电压	
	传感器	敏感度、精度、效率	将物理量转成电信号
	集成电路芯片		

（续表）

类别	元器件	规格关键点及耗材	用途
单片机开发	Arduino 板		自动和智能控制
	AVR ISP 下载线		固件下载
	51、STM、树莓派、PIC 等开发板	含编程、调试器（各类线材及电子零件）	单片机项目开发

2. 测量工具与仪表

刻度尺、游标卡尺、量角器、万用表等。

万用表，又称为复用表、多用表、三用表、繁用表等，是一种多功能、多量程的测量仪表，也是创客爱好者不可缺少的测量仪表。万用表按显示方式分为指针万用表和数字万用表。一般万用表可测量直流电流、直流电压、交流电流、交流电压、电阻以及音频电平等，有的还可以测量交流电流、电容量、电感量及半导体的一些参数等。

【练习】

1. 请参观学校的“创客空间”，然后独立或与同学一起搭建一个“创客空间”，根据需要配齐有关工具。

2. 使用钳子将一段塑料皮铜导线剪断，将导线的一端塑料拨开，利用电烙铁，将其重新焊接在一起，再使用绝缘胶布将焊接处的裸露导线全部缠好。

【探究】

如何判断以上焊接效果是否良好，是否完全绝缘？

二、机械结构材料

机械结构材料的种类有很多，这里我们只介绍一款具有一定强度、可以承载两到三个成年人的重量且组装十分方便的管状铝合金材料（见图 5-1）。

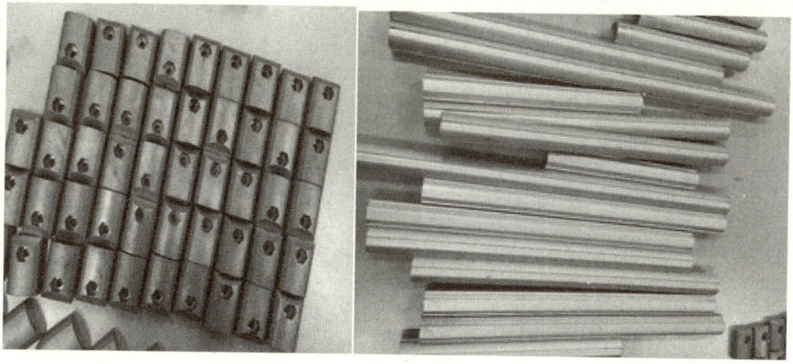

图5-1　管状铝合金结构材料

该结构材料主要由铝合金管材和铸铝连接件组成。铝合金管材的标准长度为两米，可以用钢锯或其他电动切割工具切割成自己所希望的任何长度。而铸铝连接件可以将两个铝合金管材以直角方式在任何一个位置连接起来，连接的强度足以承载150千克～200千克的力量。

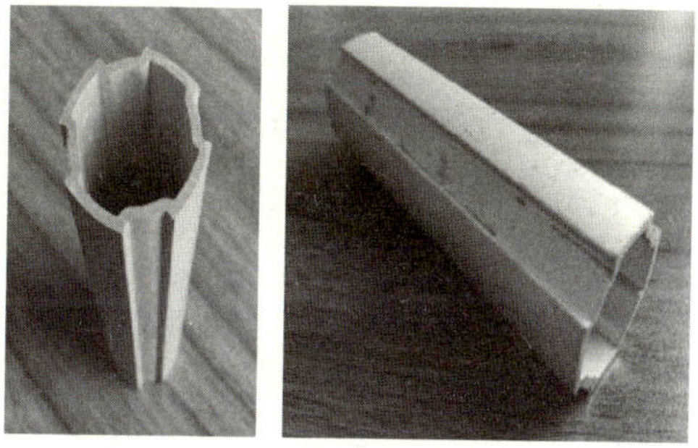

图5-2　管状铝合金

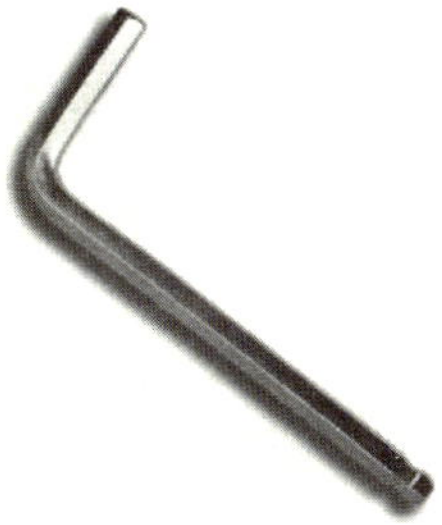

图5-3　内六角扳手

连接两个铝合金管材，只需一个内六角扳手即可（见图5-2，图5-3）。

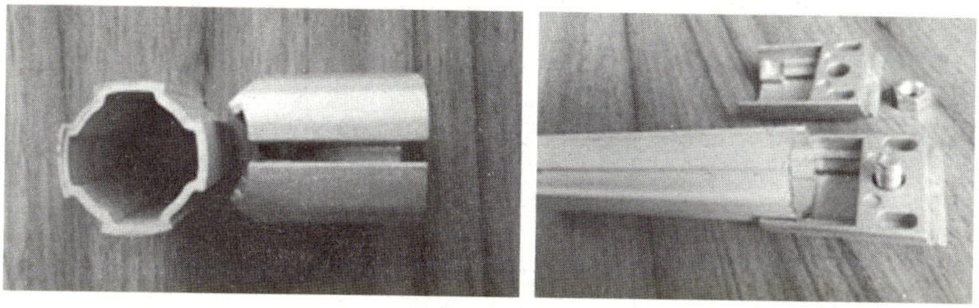

图5-4　管状材料的咬口连接

从图5–4可以看出，在两个铝合金管材的直角连接当中，转折的连接都是以咬口的形式实现的，而且是两个对应的单平小咬口。通过接头的螺杆连接压紧实现了咬口的功能。而接口与转折延长部分零件的连接，则是通过螺杆上紧后在两瓣接口之间产生的摩擦力来保证接口与延长件之间的连接强度。

这种机械结构件为“多功能组装管材”。它由不同长度的管材和转角接头、卡扣接头、三向接头及螺栓组成，可灵活快速地组装成不同造型。材料为铝合金，在保证足够强度的同时，也减轻了材料的重量，且成本较低。而铝合金是工业中应用最广泛的一类有色金属结构材料，已大量应用在航空航天、高铁、汽车、机械制造、船舶及化学工业中。

进行机械结构的组建，可以有效地培养学生的空间立体概念。

空间智能是人们生活学习的基本能力，是在大脑中形成一个外部空间世界的模式，能够运用和操作这种模式的能力。空间智能有一个从静态空间感知到获得动态概念空间的发展过程。车架变形组装是一项促进空间智能发展的活动。组装千变万化，可充分发挥想象力和创造力，自由地玩出不同造型。通过对由点到线、由线到面、由面到立体空间等基本几何概念的完整体验，明确对空间概念的认识，当然更要考虑到车架的实用性、美观性（见图5–5）。

图5–5　铝合金结构小车

在实际的STEM⁺教学活动中，利用这种铝合金管材搭建车辆类结构的案例还有很多。

与目前使用量最大的Makeblock的铝合金机械结构件相比，虽然这种管材及其配套的机械元器件不够全面，能够实现的机械结构和性能种类也相对较少，但是由这种铝合金管材制作而成的机械结构能够承载几个成年人的重量，还可以让参与者自己参与其中，亲身体验各种机械结构的性能和效果。作为一种新型的STEM⁺教学材料，铝合金管材能够更好地结合生活实际，将学生代入教学活动当中，让学生亲身参与，设计机械结构、切割管材、动手组装和进行机械调试；亲身体验机械结构的强度和效果，在不同的运动过程当中，感受机械调试的不同效果和特点，从而更深刻地认识到机械结构的作用。

第二节　开发工具

表5-2　常用开发元器件介绍

名称	功能
Arduino	一款单片机开发板，可作为项目核心的简易电脑，使用前需要做一些准备工作。搭建电路和输入、输出模块，并告诉学生单片机如何与其他的元件工作
面包板	一个搭建电子电路的平台（一个有许多洞的接线板，可以将导线和元件连接在一起）
发光二极管	电流通过就会发光的二极管。与其他二极管一样，发光二极管的电流也只能单向通过，一般用于做指示灯。注意：LED较长的脚是正极，较短的脚是负极
舵机及直流电机	将电能转化成机械能的元件。当电流流过电机内部的线圈时，线圈产生电磁场，这些磁场通过拉拽电机内的磁铁，让电机轴转动

（续表）

名称	功能
液晶显示器（LCD）	用于显示字符和图像的元件。套装中的LCD可以显示2排，每排16个字符
各种传感器	光敏传感器、温度传感器、湿度传感器、倾斜传感器、火焰传感器、红外传感器。举例，光敏传感器——它的电阻大小会随照射到它正面的光线强度发生变化

“开发”这个词的含义很广，在这里主要是指符合中小学生学习使用的小型教育器材的开发等。而开发工具，就是实现目标和达成效果的工具，包括软件工具。

要想开发工具，我们需要让结构材料和其他元器件有机地组合起来，实现预先设想的功能。而要实现这个功能，就要“开发”。实现预先设想功能的工具，就是开发工具。

一、系统控制

1. 过程控制

某个效果的实现是一个过程，需要根据外部的状况进行调整，这就是过程控制。

驾驶汽车就是一个很好的过程控制案例。我们开车时要控制方向、速度和其他一系列的功能，如油门大小、换挡、刹车、转弯或变道时的转向灯、夜晚的亮灯、必要时的鸣笛等，这样我们才可能安全地从出发地到达目的地。控制使目标设备的工作状态按照人的意志进行工作，从而达到预期的效果。

而自动驾驶就是将原来需要人进行测量、预估数值以及做出必要决策的过程，全部交给了专业设备。自动控制是指在没有人直接参与的情况下，利用外加的设备或装置（称控制装置或控制器），使机器、设备或生产过程（统称被控对象）的某个工作状态或参数（即被控制量）自动地按照预定的规律运行（见图5-6）。

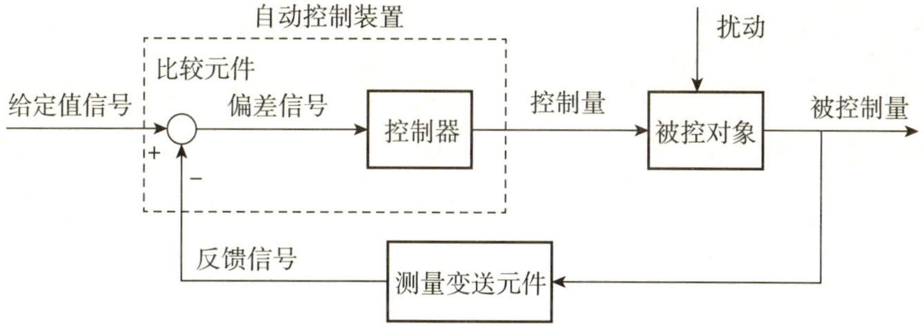

图5-6　自动控制过程原理图

2. 控制系统

具体来说，控制系统是将一个整体的系统分解成多个不同的参数，将针对每一个参数获得的效果与目标数值相比较，再将信息反馈到输入端，根据比较值来调节输入动作的方向与功率，从而使获得的效果更接近所期望的目标数值。比如，手动挡变成了自动挡，倒车雷达、导航系统等使人工驾驶汽车过程中的自动化水平不断提高。这些合成到一起，就形成了一个相对完整的自动控制系统，就像全自动驾驶汽车一样。在每一个参数的自动调节过程中，都要利用传感器来测量这些参数的实际数值和工作效果，然后利用控制软件和底层可编程设备（如Arduino等）进行控制，形成多个参数、多个层级的控制系统之后，上级的可编程设备还可以根据系统的发展和预期，对下层的可编程设备进行控制，系统控制就由此起步。

二、测量

控制的依据和基础是测量。测量是按照某种规律，用数据来描述观察到的现象，即对事物做出量化描述。测量是对非量化实物的量化过程。

1. 参数测量

在中小学的STEM⁺课程中，通常所测量的参数包括长度、温度、湿度、压力等物理量和化学量，其测量有红外、超声、音量、频率等诸多方法。在工程技术领域中的测量，通常都是将各种物理量和化学量转化成电信号，而电信号是最容易被测量与控制的。所有我们在网络上看到的传感器，如位置传感器、接近传感器、热敏传感器、压敏传感器、力敏传感器、液面传感器、光学传感器、振动与冲击传感器、温度传感器、热电偶加速度传感器、射线辐射传感器、速度传感器、生物识别传感器、激光传感器、陀螺仪位移传感器、24GHz雷达传感器等，都是将要测量的数据转化成对应的电信号。

不同的传感器接线方法和使用功能是不一样的，反应时间和测量精度也是不同的。同样，不同的测量范围也需要使用相应的测量仪表。例如，测量材料的绝缘程度就需要使用兆欧表。

2. 测量过程

（1）测量的客体（即测量对象）：主要指物理量与化学量，包括长度、面积、形状、高程、角度以及形位误差等。由于物体量的种类繁多，因此对于其特性、被测参数的定义以及标准等都必须加以研究和熟悉，以便进行测量。

（2）计量单位：我国以公制为基本计量制度，公制又称米千克秒（MKS或mks）单位制，建立在下述三种基本单位之上：米——用来确定距离，千克——用来确定质量，秒——用来确定时间长度，其他的物理量单位都是从这些基本单位里推导出来的。

（3）测量方法：指在进行测量时所用的按类叙述的一组操作逻辑次序。对几何量的测量而言，则是根据被测参数的特点，如公差值、大小、轻重、材质、数量等，分析研究该参数与其他参数的关系，最后确定对该参数进行测量的操作方法。

（4）测量的准确度：指测量结果与真值的一致程度。由于任何测量都不可避免地会出现误差，误差大则测量结果离真值远，准确度低。准确度和误差是两个相对的概念。由于存在测量误差，任何测量结果都是以一个近似值来表示的。

3. 测量与控制

电热水器和电热吹风机通常是将测量温度和加热控制分开的，一旦温度达到了某个数值，加热的设备就会停止工作，当测量的温度低于某个数值时，加热器又会开始工作。实际上，对简单测量与控制的步骤与过程，可以利用STEM⁺系统思考的方法进行系统处理。利用一些特殊的敏感材料，我们就可以将测量和控制联系在一起，实现单一参数的智能控制。

4. 智能控制

目前，这些设备使用最多的是温度控制的正温度系数（PTC）发热陶瓷片（见图5-7），并在陶瓷片两边链接了许多散热的铝翅片，在用陶瓷片做发热体进行发热的期间，也实现了将温度测量和温度控制合为一体的功能。

图5-7　PTC陶瓷发热材料

通常的PTC发热陶瓷片多是以钛酸钡为主要基础材料烧制而成的。为了改变相变的居里温度，可以用部分的锶替代钡来降低居里温度，也可以用部分的铅来替代钡以提高居里温度。在相变温度点以下，这些陶瓷材料的性能呈现出负温度系数特征。作为陶瓷发热体，在日常生活使用的额定电压下，负温度系数特征使陶瓷发热体的电阻变小，发热量增加，陶瓷发热体的温度迅速上升。一旦陶瓷发热体的温度达到了材料的居里温度（T_c），陶瓷发热体的电阻会呈现出10^4~10^{10}的大幅变化。陶瓷发热体的电阻迅速增大，使其发热功率迅速下降，使发热体的温度基本稳定在居里点处。一旦外部的吹风量加大，陶瓷的温度降低，陶瓷发热体的功率就会增加；反之，减少吹风量，则陶瓷发热体的功率则有效减低（见图5-8）。

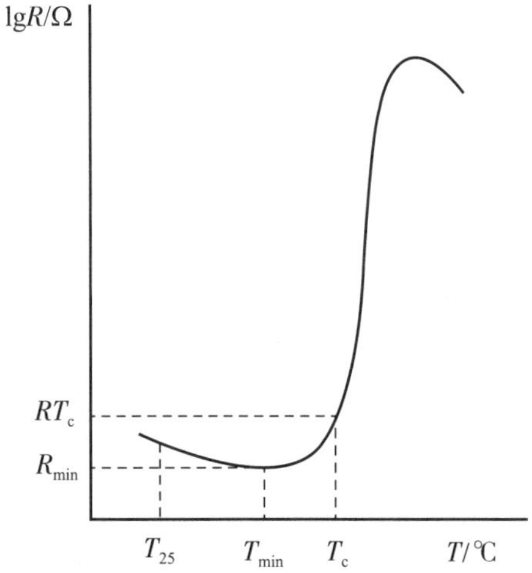

图5-8　PTC陶瓷电阻温度特性曲线

与传统的镍铬丝发热体所不同的是，PTC陶瓷发热体的功率是可变的，但发热的温度是稳定的，使用时不发红，无明火，不易燃烧。PTC元件周围温度超越限值时，其功率自动下降至平衡值，不会产生燃烧危险。

三、编程软件和Scratch

1. 编程软件

如前所述，在某个参数的调节过程中，可以利用传感器来测量这些参数的实际数值（工作效果），然后与目标期望值进行比较，再决定动作元件的动作方向与幅度。而这个比较过程和动作的决定，就是编程软件的基本工作。在实际工作中，不同的软件有不同的特点和优势，比较适用于相应的控制工作范围，如行业内专业杂志评选的2017年编程语言排行榜中第一位是Python，就比较适合在互联网和企业控制领域中使用。学习编程不一定是为了将来从事这一职业，而是为了逐步建立起编程思维。编程思维基本上由两部分组成。

第一部分是解决问题的基本思路：首先，把一个大程序分解成若干模块，如同把一个大问题分解成可以逐一击破的小问题；其次，对某个小模块程序进行具体的编程，或是按部就班地逐一去解决分解后的小问题；最后，尽量引用现成的小程序用于具体的小模块，在解决具体小问题的时候，知道如何去利用已有的结果。

第二部分是在具体解决问题时，严谨细致。在编程软件过程中，倘若将"；"错打成了"："，就可能在程序里藏一个bug，在程序运行过程中，就达不到预期的效果。同样，许多学生在考试当中，往往会因为马虎，把一些本来会做的题做错，而学习编程思维，养成严谨细致的做事习惯，就可以减少因粗心大意造成的丢分现象。

2. 简易图形软件

如果不想学习专业的编程语言，也可以学习适合儿童的简单图形化编程Scratch（魔抓）语言。Scratch是麻省理工学院针对青少年的认知水平和界面喜好开发出来的编程软件，不仅集成了动画、声音等编程部件，还集成了键盘、鼠标等附属部件，编写游戏就变得非常直观简单了。当学生学会了Scratch的游戏编程的原理后，完全有可能把游戏编写得更逼真、更好玩。

Scratch属于免费开源软件，可以访问https：//scratch. mit. edu 网址进入网站下载最新版本，也可以下载和学习其他爱好者上传的作品。Scratch适合多语言、多平台，麻省理工学院开发了基于Windows系统、苹果系统、Linux系统的多种版本，可以满足不同人群的需要。Scratch编程语言还有iPad版本（APP名称为ScratchJr），ScratchJr的使用者定位为5~7岁的孩子，可以在几乎不用iPad键盘的基础上，通过拖拽的方式，利用该APP在iPad触摸屏上开发各种有趣的程序。

Scratch是面向对象的程序设计语言，拥有容易上手的图形化操作界面。使用者可以没有编程基础，也可以不会使用键盘，只需要通过鼠标拖动的方式就能完成搭建积木这种形象化的操作，并能实现Scratch程序的命令和参数设置。创客们可以通过Scratch软件将自己的想法快速地呈现和表达出来，也可以通过编程思考和练习，提高自身的逻辑思维能力和创造性思维能力。另外，Scratch还支持硬件扩展，可以通过电路板连接软件以外的真实传感器，通过实体传感器对真实环境的检测来回应软件的虚拟环境。

3. 简易图形软件的资源下载网站

http：//scratched. gse. harvard. edu 是美国国家科学基金会资助的在线社区论坛，世界各地的Scratch 教育者都在这里分享故事、交流资源、咨询问题以及寻找同伴。

青少年趣味编程社区（www. teenstone. com），该论坛收集了不少与Scratch相关的优秀资源和教学案例。

利用搜索软件，还可以在互联网上搜索到相当多的Scratch编程培训机构，这些机构也提供Scratch软件的下载与培训服务，具体情况这里就不再赘述了。

四、智能控制模块

1. 基础控制模块

为了能够实现有效的控制功能，技术专家们采用超大规模集成电路技术，把具有数据处理能力的中央处理器CPU、随机存储器RAM、只读存储器ROM、多种I/O口和中断系统、定时器/计时器等功能（可能还包括显示驱动电路、脉宽调制电路、模拟多路转换器、A/D转换器等电路），都集成到一块硅片上，从而构成一个小而完善的微型计算机系统。这种由一块专用集成电路芯片组成的基本控制板，被称作单片机，广泛应用在工业控制领域内。

而单板机则是将计算机的各个部分都组装在一块印制电路板上，包括微处理器、存储器、输入输出接口，还有简单的七段发光二极管显示器、小键盘、插座等其他外部设备。单板机的功能比单片机强，更适于进行生产过程的控制，作为简单参数控制的基础元器件，同时也可以直接在实验板上操作，也更适用于教学。

2. 常用控制模块Arduino

Arduino是一个单片机系统，核心是ATmega系列单片机，配上一些周边器件和连接插口，安装在一款印刷电路板上，就能够独立完成设定功能，也就具有了单片机的一些简单功能。

Arduino项目起源于意大利，其设计思路就是适合初学者使用的简易微控制器。Arduino以开源、廉价、简单易懂的特性迅速受到广大创客的喜爱与推崇，即便不懂电脑编程，利用Arduino开发板搭载一些传感器，也可以做出各种实用及炫酷有趣的东西，如通过一些传感器（振动传感器、温度传感器、湿度传感器等）、闪烁灯光、控制马达等，实现智能控制及作品的设计与制作。

Arduino是一个基于开放源码的软硬件平台，具有使用类似Java、C语言的集成开发环境和图形化编程环境。自2005年问世以来，已经有多种型号及众多衍生控制器推出，它们具有不同的用途与功能。在网上就有许多不同类型的Arduino板在销售，针对这些不同类型和使用效果的Arduino套件，有大量的网站资料可参考，也可以请Arduino板销售商推荐适合该Arduino板的网站和社区，以及相应的视频教程等。

Arduino 作为一款开源硬件平台，具有简单易上手、可自由设计、兼容性强、可扩展性、成本低廉等特点，深受广大使用者的喜爱，是STEM⁺教学的一个好工具。

给Arduino编程需要用到IDE（集成开发环境），这是一款免费的软件，可以到Arduino官方网站上下载软件及源码、教程和文档，安装过程比较简单，安装包包含Arduino软件及USB驱动。

常用的Arduino第三方软件有以下几种：① ArduBlock（图形化编程软件）；② Scratch（简易编程工具）；③ Virtual breadboard（Arduino仿真软件）。

3. 新型控制模块Micro: bit

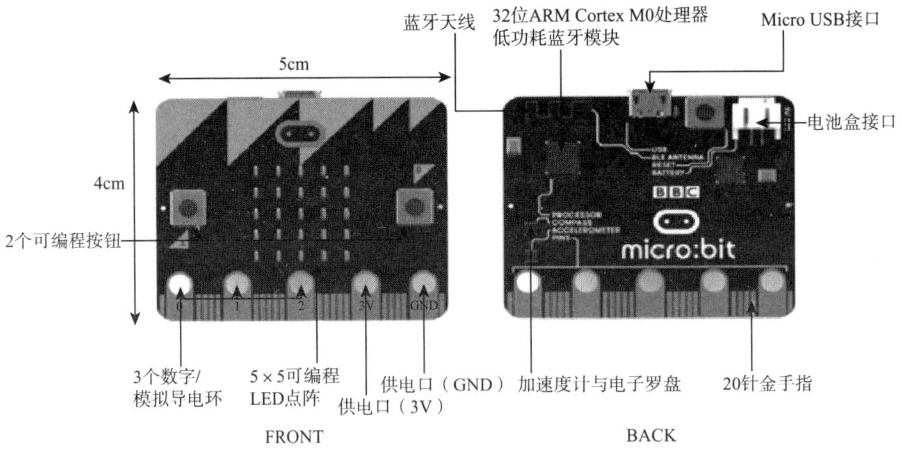

图5-9 Micro:bit 开发板

Micro:bit 是一款由英国广播电视公司（BBC）推出的专为青少年编程教育设计的微型电脑开发板。Micro:bit开发板尺寸虽小（5cm×4cm），但集成了种类丰富的电子模块：5×5 LED点阵、两个可编程按键、加速度传感器、电子罗盘、低功耗蓝牙等。

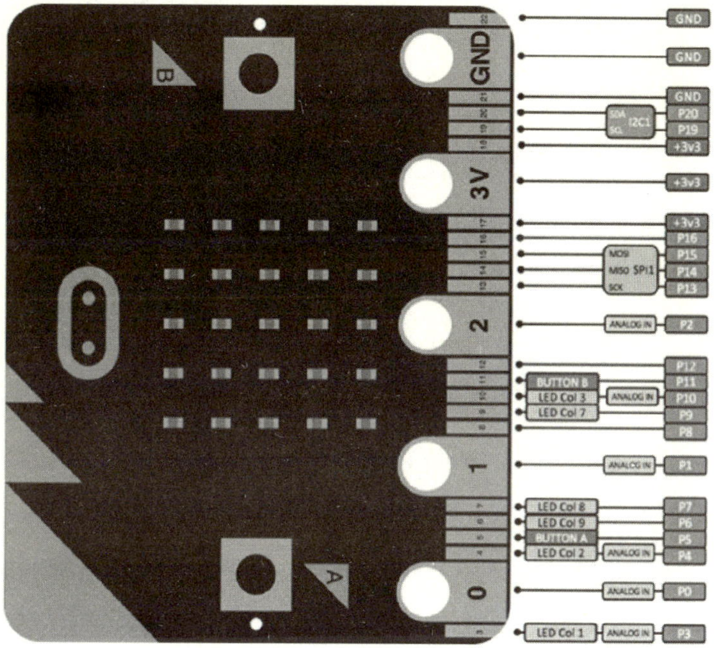

图5–10　Micro:bit的接线方式

初学者可采用图形化编程方式。Java Blocks Editor 是由微软推出的一款对于 Micro:bit的图形化编程工具，功能非常强大，网址为https：//makecode.microbit. org/，打开网页即可进行模拟仿真的编程操作。利用一条USB数据线（标准USB转Micro USB），就可以将在模拟仿真软件上编译好的各种功能直接下载到Micro:bit控制板上，去实现已经在模拟仿真软件上显示出来的各种功能。

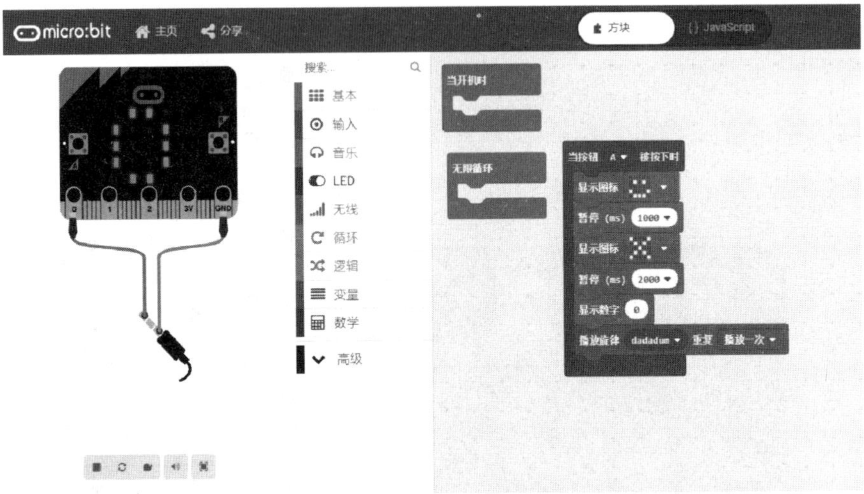

图5-11 microcode编程语言

Micro:bit使用的是ARM Cortex-M0 微处理器。针对家用电器、白色商品、医疗监控、电子测量、照明设备以及功耗与汽车控制器件等广泛应用的智能传感器与智能控制系统，提供超低功耗、低成本的微控制器（MCU）。

Micro:bit通过最简单的鳄鱼夹就可以与各种电子元件互动，支持读取传感器数据，控制舵机与RGB灯带，能够轻松胜任各种编程相关的教学与开发场景。Micro:bit还可以用于编写电子游戏、声光互动、机器人控制、科学实验、可穿戴装置的开发等。

与过去大量使用的Arduino主板相比，Micro:bit更简洁，更适合小学生学习和使用。在英国，Micro:bit的主要服务对象是7年级的在校学生，他们利用Micro:bit开发板进行编程学习。

另外，网上还有大量利用Micro:bit开发板进行的各种适合中小学生的项目教程资源和活动资料，有兴趣者可以在网上查找自己想要的材料，这里就不再一一介绍了。

Micro:bit中文官方网站　　https：//microbit. org/zh-CN/

图形化编程页面　　https：//makecode. microbit. org/

第三节　设计工具

一、三维设计软件（SolidWorks）

SolidWorks是世界上第一个专门基于Windows系统开发的三维CAD软件，该软件以参数化特征造型为基础，具有功能强大、易学、易用等特点。SolidWorks软件在草图绘制、三维建模、装配体设计、工程图设计和仿真分析等方面有很好的功能。

SolidWorks原本是众多大学机械系学生需要学习的课程，中小学生学习SolidWorks可以从安装专用数据库，利用特定数据库进行特定材料的简单机械装配开始。

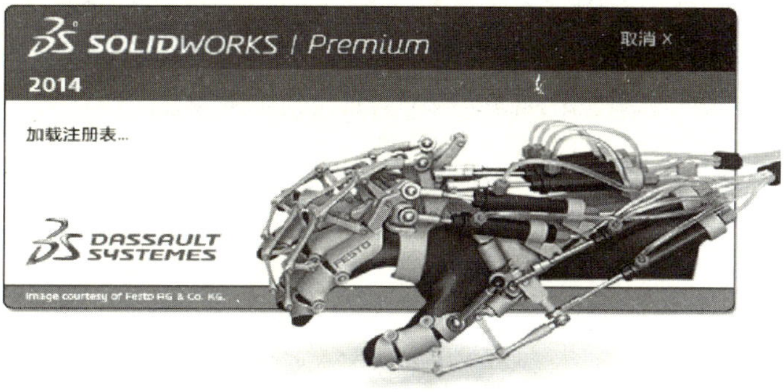

图5-12　SolidWorks安装界面

【装配体文件】

首先双击三维软件的图标，打开软件（见图5-13）。

图5-13　打开三维设计软件

然后点击标题栏白色的新建按钮“　”，新建一个装配体文件（见图5-14）。

图5-14　点击文件“新建”按钮

最后点击“Tutorial”中的“　”按钮，点击确定完成装配体文件的新建（见图5-15）。

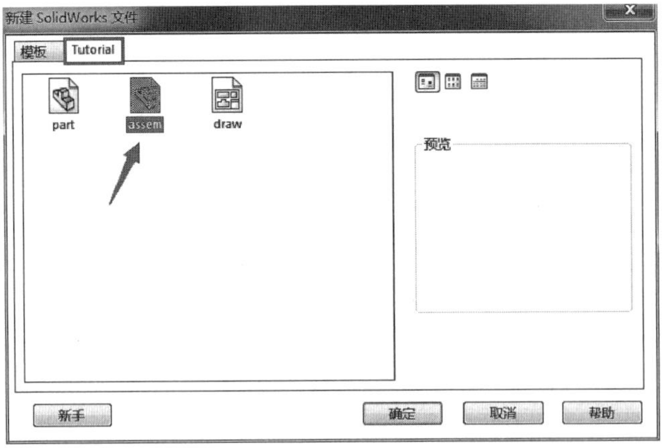

图5-15　点击“assem”按钮

第一步：新建装配体文件后，在界面左侧的工作区找到“浏览”，然后单击“浏览”（见图5-16）。

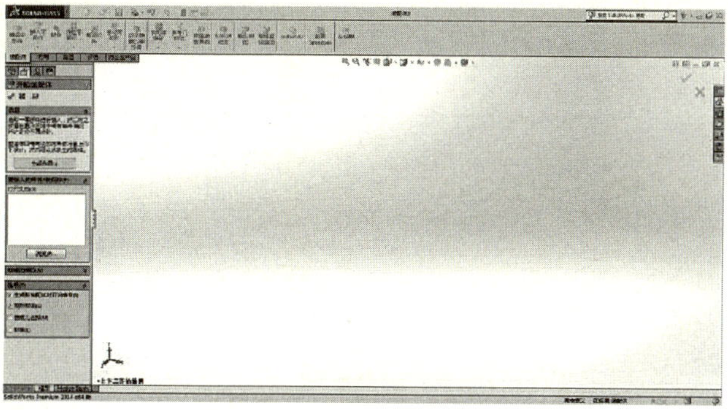

图5-16　单击“浏览”

第二步：在电脑文件里找到“模型库”，即图中的“14版接件大全”，点击打开（见图5-17）。

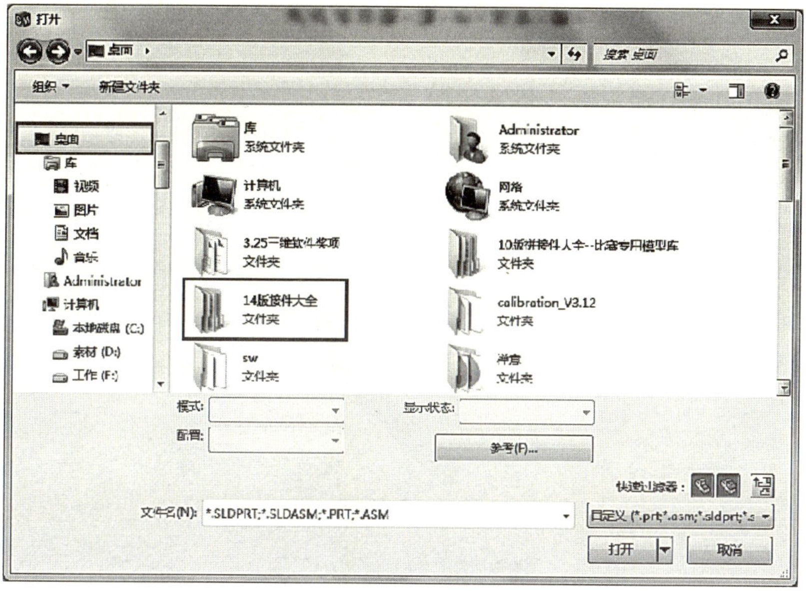

图5-17　选择“14版接件大全”

第三步：找到“14版接件大全”中“铝管”文件夹，打开后选择“普通铝型管材”，点击打开（见图5-18）。

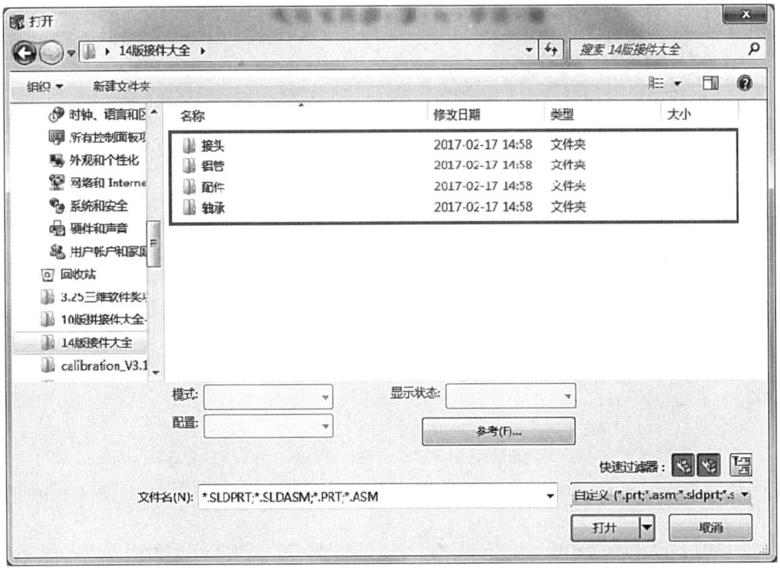

图5–18　打开“铝管”文件夹

第四步：单击鼠标左键，将“铝管”放置在装配体文件空间里（见图5–19）。

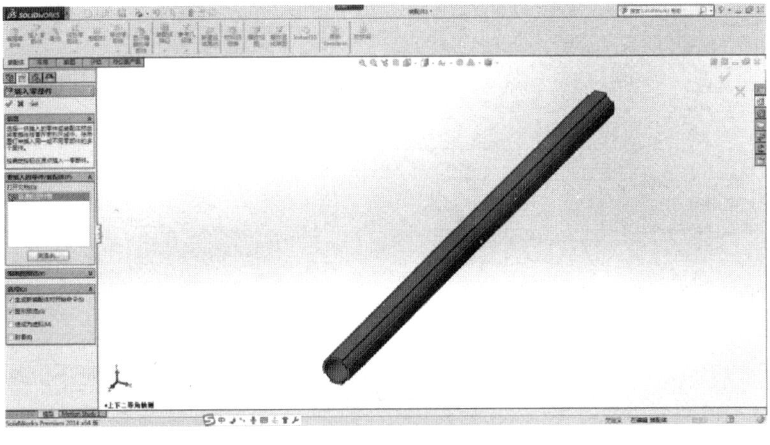

图5–19　铝型管材的展示

三维软件的基本操作包含零件的旋转、放大、缩小、平移。（1）按住鼠标滚轮，移动鼠标，可以实现零件的旋转；（2）滚动鼠标滚轮，可以实现零件的放大、缩小；（3）按住“Ctrl”键和鼠标滚轮可以平移零件；（4）按住鼠标右键可选择不同视图。

鼠标点选零件的一个面，在左侧工作区找到装配体主文件，当点击主文件的文件名时，整个零件会全部加亮，右键找到“删除”，删除零件（见图5-20）。

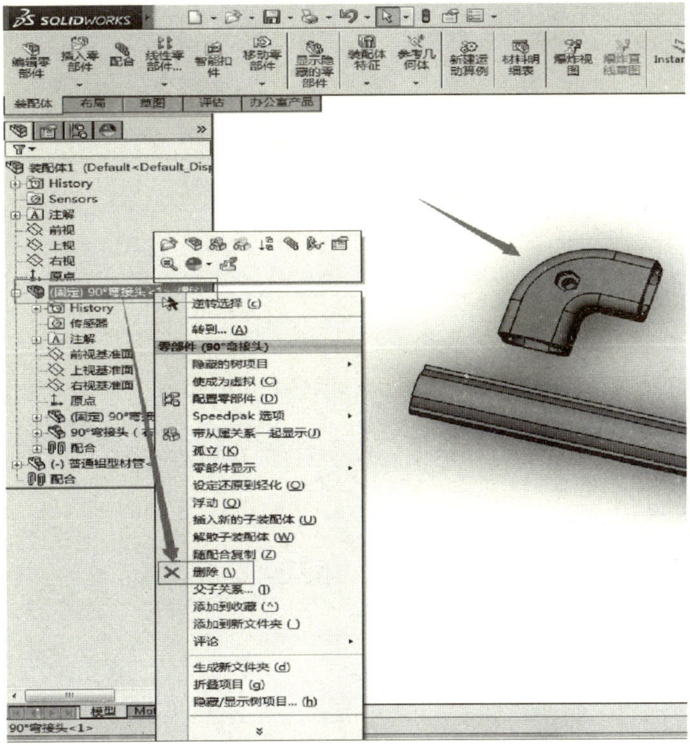

图5-20　铝型管材的装配

通过固定、替换、旋转和平移等方式，可以进行铝管的装配，而不同的设计效果，可以通过虚拟装配后，在屏幕上直观地表现出来。

在数据库里的所有铝管和配套的配件，都可以找到对应的实物，在三维软件上设计出的各类结构，都可以在创新STEM^{+}实验室里制作出来。

例如，我们可以做一个轮椅车（见图5-21），结合电动机和转向轮就可以带着人在路上走。这个轮椅车的主要结构可以用数据库中的管状材料和对应的配套连接件组装起来。在制作之前，可以先进行三维设计，设计效果获得认可之后，就可以用实际的铝管和配套连接件进行制作了。

图5-21　轮椅车

【思考与讨论】

你有什么样的制作设想，可以用管状材料来实现吗？请将你的设想和使用管状材料的设计草图画出来。

目前，常用的三维设计软件还有很多，不同行业有不同的软件，各种三维设计软件各有所长，可根据工作需要进行选择。比较流行的三维设计软件有Rhino（Rhinoceros犀牛）、Maya、3ds Max、Softimage/XSI、Lightwave 3D、Cinema 4D、PRO-E等。

二、数控设备和3D打印机

（1）3D打印机

（2）3D扫描仪

（3）激光切割机

（4）CNC数控机床

（5）CNC数控雕刻机

（6）激光雕刻机

……

介绍各类设备和工具的书籍和网站有很多，有兴趣者可以去查询有关的书籍和网站，获得所需要的信息和数据，这里就不再赘述了。

三、控制过程设计仿真

如果自己有电脑，可以下载一款开源免费的图形化编程仿真软件linkboy作为设计仿真的平台。linkboy是国内首创的在Arduino开发板基础上的图形化编程模拟仿真平台。

linkboy的官网网址是www. linkboy. com. cn，在这里不但可以下载模拟仿真的软件，还可以找到许多模拟平台的视频教学课程。

linkboy是一套图形化的创意实现平台，它提供了十分出色的模拟仿真功能，无需下载至硬件，可直接在软件界面上模拟运行用户的程序流程。在这个集成化的开发平台上，包含了图形化编程软件、电子模块、机械构件在内的一整套设计环境。通过linkboy，那些痴迷技术的极客、业余IT玩家和机器人发烧友只需要几分钟，就能从最开始的创意萌发过渡到软件设计、电路模块连接和机械结构组装，并迅速搭建出一个实物的设计原型。

具体来说，linkboy提供了所见即所得的连接界面，确保实物模块连接和软件界面连线一致。基于界面模块连接，软件为使用者打包好全部底层资源，像本章第一节所提及的各种电子材料和元器件，第二节中所提到的开发元器件和组件，都可以在linkboy仿真软件的左侧边栏“模块”行列中找到。

linkboy软件可以模拟面向对象/事件触发编程，可以模拟实现基于传感器事件触发的编程方式，选择合适的指令去控制电子模块，构建逻辑流程实现作品功能。可编程逻辑控制器PLC，在其内部存储程序执行的逻辑运算、顺序控制、定时、计数与算术操作等面向用户的指令，和通过数字或模拟式输入/输出控制各种类型的机械或生产过程等内容，都可以在linkboy平台上模拟出来。

linkboy图形化仿真软件使用起来简单便捷，可以用于中小学开展创客教育和STEM+教育，并可以用于个人创客的DIY，协助产品工程师进行原型验证，还可以在工业控制领域里替代可编程逻辑控制器PLC。

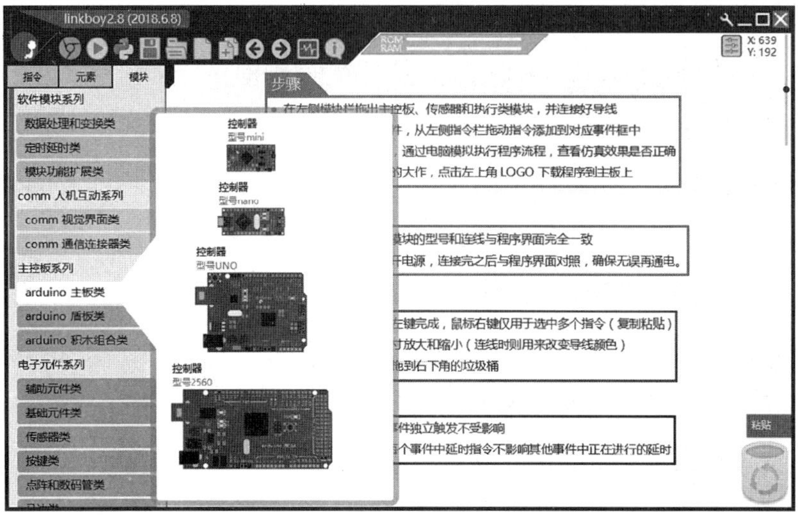

图5-22　linkboy图形化模拟仿真平台

作为一套图形化编程电子积木玩具，通过完全插接式的拼装，用户不需要再做烦琐的底层编程、芯片飞线焊接、底板切割、钻孔等工作，因为linkboy已经设计好了一系列的软件包、电子模块、机械小构件，我们只需要用鼠标拖拽连接图形，然后插接拼装对应的硬件模块，一个个创意作品就会源源不断地出现。

linkboy是一套纯图形化的设计环境，它主要针对没有任何计算机编程背景的初学者，只要简单地用鼠标拖拽连接即可构建作品。使用linkboy设计作品，不用学习复杂难懂的软件编程，也不用手工输入程序代码，只要遵循如下几个步骤：①在软件界面上用鼠标拖出需要的小模块并连接好它们；②给每个小模块设置参数；③按照软件界面的连接图，连接好硬件部分；④点击“下载”按钮，下载完，小作品就会如实运行起来。

当我们拖拽连接完图形模块后，就可以点击“下载”按钮把程序导入到一块控制板上，并控制外围的电子模块。linkboy拥有丰富多彩的模块，如屏幕、小灯、小马达、发光LED灯、小按钮、小喇叭…… 大量的各式各样的模块任选，为每一个创意提供最全面的硬件支持。如果需要的某个模块在linkboy里找不到，怎么办呢？别着急，linkboy的模块库是可以不断扩充的，越来越多的模块正在不断地加入进来，以确保创意实现得更轻松、更有趣。

连接好导线的电子模块最终会通过机械方式固定，机械结构系列是linkboy平台的最底层，包括常见的机械连接元素：带有孔和槽的塑料板、带孔的塑料条、扎带、热缩管、螺丝、螺母、螺旋丝杠、固定电机的塑料座、机械臂等。除了这些linkboy自带的材料外，用户完全可以自备小工具——小钳子、小剪刀、小锯，并且发掘身边一切可以拆解再利用的资源——废弃的快递盒、大块的泡沫板、工地上零散的小木条…… 把它们攒起来收藏到你的小车间里，什么时候想做东西了，如自动开关的小夜灯，就可以切一块泡沫塑料做底座，接好电路，半天就可以做成一个人体感应的小夜灯。

第六章

STEM^{+}教学案例与分析

案例一　玩转电机

一、课程规划

【学科背景】以“物理”为核心的拓展学习。

【基本要点】

1. 课程规划思想

（1）基于学科难点的突破：在初中物理的学习中，电动机的原理比较复杂，没有一定的实践认知过程，学生很难理解，甚至会产生厌学情绪。

（2）基于思维方式的训练：在科学发展史上，电、磁之间的关系渗透着许多辩证思维方式、逻辑关系。

（3）基于电机的广泛应用：电机的应用涉及生活的许多方面，有动作的机器就有电机。

2. 课程规划原则

（1）学习内容要体现个性化：电机的了解与应用属于实践性内容，动脑与动手相结合。

（2）情境创设要符合“心流”理论：课程内容要基于现实生活环境，但又不能超越学生的能力范围，要求挑战难度与个人能力相匹配，让学生达到心流状态。

（3）学习目标要符合SMART原则：具体的、可衡量的、可达到的、相关的，且具有明确的时间期限。

（4）评价方案要前置：设计学习过程时，评价方案要根据目标来确定，不仅要在结束前体现，而且要在课程前及过程中体现。

二、教学设计

（1）共同构建内容：教师与学生一起，采用头脑风暴等方式，集思广益共同研究，引导学生遵循STEM+原则，从科学知识、技术工程设计、艺术文化和数学等角度思考，挖掘可能存在、愿意探究的问题。

（2）绘制知识地图：注重对学生逻辑思维的培养，引导学生对探究的问题进行层次分析，画出项目内容结构图（见图6–1）。

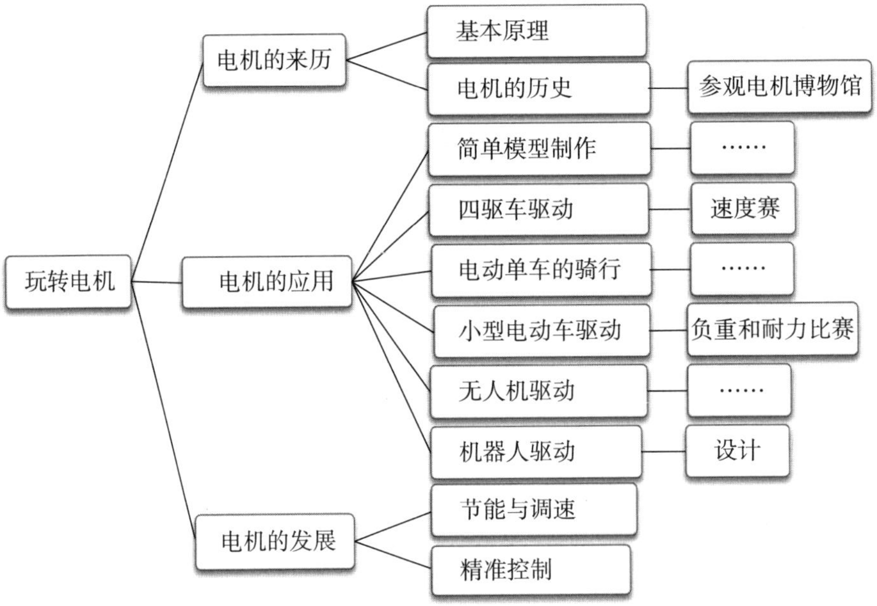

图6–1　“玩转电机”项目内容结构图

（3）选择课题合作完成：引导学生根据自己的兴趣爱好，选择研究课题，通过合作学习完成任务。

（4）过程实施调控：注重预设问题的解决，同时及时捕捉生成的问题并及时解决。

（5）过程激励评价：对学生在建构、学习、实践过程中的创意、设想及时肯定、鼓励，并及时指导改进。

（6）及时分享成果：在学习过程中，注重分享，在分享中达到学习的目的。

（7）设计电机应用比赛，让学生有效展示学习成果。

在电机应用比赛中，可以选择将电机制作成可以行动的电动车辆，比较行驶耐久程度和负重行驶能力。学生通过比赛，可以学会选择电机，并能够将电机的动力输出与机械传动、机械结构相联系，同时结合电力供应参数的设定及各种电机的控制技术，实现真实的机械运动效果。

有关比赛设计，可参考附录2。

三、案例分析

这是一个典型的主题拓展学习案例。通常在中小学里，关于电机知识的介绍多是其简单的历史发展和应用的基本科学原理，而对于电机的原理、应用和发展的介绍往往都是一带而过，且有关电机的课程仅分布在物理和通用技术学科中。学习这些课程后，大多数学生了解的关于电机的工作原理、使用范围、应用模式和发展前景都是相对零散的知识，就像是一颗颗珍珠，而“玩转电机”的拓展学习课程，则像一条条逻辑的线将这些珍珠串联了起来，串成了一条项链。

利用拓展学习的方式介绍有关电机的内容，通过学习，让学生自己去探索电机在日常生活中的各种应用、在新型电动交通工具中的使用，以及在无人机和机器人等创新产品当中的应用。通过对电机在日常生活和工业领域中广泛应用的介绍，让学生认识到电机的重要作用，激发起学生学习电机相关知识的兴趣。学习电机的工作原理，可以让学生更好地认识电机的技术参数与使用方法。

案例二　“追光逐梦”

一、课程规划

【学科背景】以“激光”为主题的探究式学习。

【基本过程】

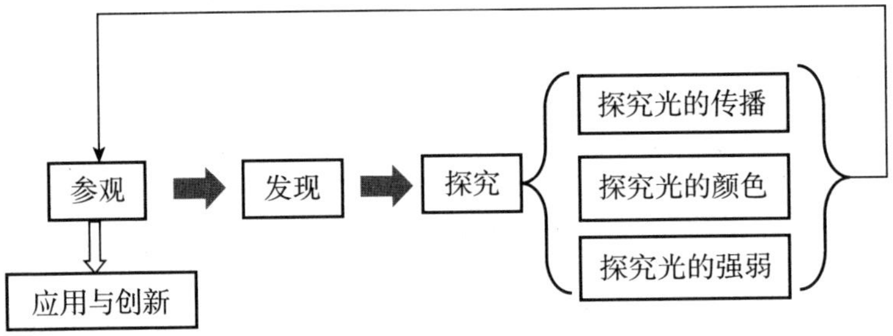

图6–2　“追光逐梦”主题学习

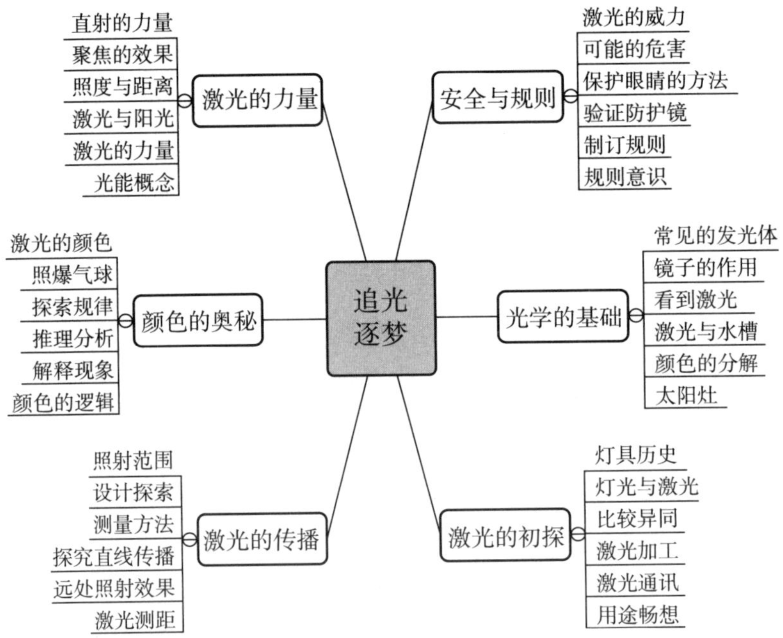

图6–3　“追光逐梦”主题课程规划的构架

课程里不但安排了与相关知名科学家面对面的交流活动，让学生知道科学家是如何思考的，还安排了模拟科学研究的探究过程及步骤、测量结果分析的系统练习，让学生能够超越简单的知识学习，逐步提高在科学技术探究活动中发现问题、分析问题、解决问题的综合能力。

二、教学设计

1. 参观激光科技馆展厅

通过参观激光科技馆展厅，感觉激光、发现激光、体验激光，然后再去认识激光，激发学习相关知识的兴趣。

2. 形成“玩激光”的规则意识

教师展示利用激光打气球、烧断棉线、点火柴、点烟，甚至融化焊锡丝等。

在经历了激光的使用是有危险的探究活动后，制订出安全操作规则。

确定安全操作规则的方式有两种：教师确定安全操作规则；学生自己探究，制订安全操作规则。

教师可以从技术支持单位获得激光实验的安全操作规则，再根据学校的情况进行简化和调整，成为学生的安全操作规则。

学生可以通过探究，自己来制订安全操作规则，并自觉遵守。

要想继续玩激光、体验和探究激光的效果，学生需要思考：如何建立安全保障体系，如何制订安全操作规则。对于学生考虑不到的问题，教师可以提醒，但是规则必须由学生们自己来定。

教师可以将学生分成几个小组，每组制订自己组的规则，然后展示，看哪个小组制订的规则更全面、明确和简洁。

将学生自己制订的安全操作规则以文字形式记录下来，确保大家随时可以看到，并认真遵守。

如果学生在制订规则过程中，达不成一致意见，可以参考“罗伯特议事规则”，学习如何议事和做集体的决定。让学生在活动中体验如何与他人合作，以及团队作业的方式。

教师可以告诉学生：在以后的探索过程中，如果大家都能遵守自己制订的规则，基于逐步建立起的信任，使用的激光的功率会逐步增加；如果有人犯规，信任缺失，则使用的激光会又从最小功率开始。

3. 了解激光的基础知识

利用激光设备探究基础光学规律。

（1）镜子与激光笔：探究反射现象、设计其他游戏、探究规律、验证规律……

（2）怎样才能看到激光笔发出的光线：探究漫反射现象、设计其他游戏……

（3）水槽与激光笔：探究折射现象、设计游戏、探究规律、验证规律……

（4）太阳光的颜色：利用镜子将太阳光反射到室内，通过三棱镜来认识太阳光的颜色。

分组活动举例1：一半同学组成一组各拿一面镜子，将室外的太阳光反射到教室窗户上的一个凹透镜上；另一半同学组成一组在教室内做实验，通过调整凹透镜的角度和三棱镜的位置，将透过凹透镜的光线引导到三棱镜上，观察和记录光线通过三棱镜后的状况，对实验结果进行分析，提出小组讨论后的结论。然后，两组同学互换位置，再次进行相似的探究活动。

分组活动举例2：如果有比较多的镜子，能否用来制作一个太阳灶？为什么？试着做一做。

（5）物体本身的颜色、物体反射的颜色、颜色的搭配……

（6）眼睛观察：光线射到眼睛里我们才能看到颜色。

4. 探索光与激光的异同

比较普通光与激光，重点体验、发现不同光源的异同，通过比较，自己总结激光与其他人造光源的差别，从而归纳出激光的特点。

（1）回顾光学知识，回顾人工照明（各种灯具的发展历史），了解不同光源对应的历史年代，体验各种人造光源的照明效果，发现人造光源的变化，总结归纳人造灯具的历史特点，以及不同光源的照明特性。

（2）明确总结归纳出来的激光的特性一共有几种，是否可以合并精简？

对总结归纳出来的几种激光特征进行探究和验证，每次有针对性地探究一种特性。学生自己决定探究的顺序，对于意见不一致的情况，则通过集体讨论决定。

为了能够在保证安全的情况下，让学生亲身体验激光的特性，教师要做好必要的保护措施（学生体验时，教师在一旁观察，倘若存在发生危险的可能性，教师要及时断电，保证学生的安全）。

5. 探究激光的传播

课程目标：简单看去激光就是一条线，探究激光是否就只是一条线，是否像其他光源那样也会散开。对设想进行验证。

学生自己设计探究方法，包括具体的实验步骤、必要的安全保护措施、测量的内容、记录的方法、测量精度以及测量效果的可靠性分析。

通过体验和验证实验，能够得出什么样的具体结论？是否可以确定激光是没有散射的直线传播光线？理由和原因是什么？

探究激光的直线传播特性，在散射程度怎样小的情况下，可以近似作为直线传播？具体依据是什么？

在同样的实验过程中，将技术支持单位提供的激光源和在网上购买的激光源进行比较，体验和比较不同激光源的散射程度。

6. 探究颜色的奥秘

使用具有一定功率的红色激光笔分别照射吹满了空气、十分鼓胀的蓝色、绿色、红色、黑色和白色气球，学生看到：黑色、蓝色和绿色的气球很快就爆裂了，而白色和红色的气球则没有爆裂。

实验表明激光爆裂气球与颜色有关。

本单元的目标是探究颜色到底有哪些奥秘。学生要根据激光的颜色特点，设计出一个探究方案，包括具体需要的材料和仪器设备、必要的安全保护措施、实验步骤和测量与记录的计划等。

例如，在同样的功率下，不同颜色的气球被不同颜色的激光照射后爆裂，有什么样的关系？

让学生带着问题进行探究活动，并自己总结规律，试着进行现象的分析和归纳，学会自主学习，让学生在“玩中学”“探中学”。

7. 探究光有多强

（1）我们体验了：激光可以爆破气球、烧断棉线、点燃火柴、点燃香烟、融化焊锡丝，普通的电灯光是否也能够做到这些？要求“随手关灯”是否是在担心灯光会点燃室内的棉线？

（2）我们想知道：激光的强度是否比普通的光强？激光到底有多强？

由学生自己设计一个探究激光强度的实验方案，包括具体需要的材料、仪器设备、实验步骤、安全保护措施、测量与记录、实验数据分析等。

在学生自己设计的探究实验中，比较技术支持单位提供的激光与网上购买的同样功率的激光光照强度的差异。

（3）探索激光光照强度与距离的关系。

确定一个距离，比较不同功率激光器在这个距离上光照强度的变化数据。列出表格，在平面坐标系上绘制出对应的点，并将这些点连接成一条线。

对探究过程和测量数据进行归纳总结，我们得到了什么结论？

（4）比较激光与太阳光的强度。

根据学到的光学知识，重做太阳灶，如何将太阳光利用得更好？我们可以利用太阳光做炉灶，为什么利用激光不行呢？

8. 再次认识激光

带着在探究活动中学到的知识和存在的问题，再次参观激光科技馆展厅，和讲解员交流，验证自己的探究结果，请教尚未弄清楚的问题。同时，重点关注展厅里展示的各种设备，向讲解员询问这些设备的作用和工作原理，分析这些设备主要运用了激光的哪些特性，设想和体验激光的作用和用途。

在参观活动中，安排一次与激光相关行业里知名科学家的面对面交流。通过交流活动，让学生学习科学家热爱科学的品质及严谨细致的研究方法，更重要的是让学生感受科学家不被传统观念所束缚，勇于探索、敢于创新的精神。

结合在激光科技馆展厅里的见闻，体验激光的作用和用途，并提出自己的看法和设想。

激光的直线传播，激光的单一颜色，激光的能量集中，分别可以用来做什么？

后续课程：

在技术支持单位的帮助下，完成“追光逐梦”课程之后，愿意在该主题上继续进行“玩探创展”的学生，还可以选择进行中级和高级的探究课程，甚至一些优秀的学生还能获得一些特殊的机遇——在技术支持单位参与项目开发实习，锻炼实际应用能力。

三、案例分析

该主题课程很容易套用传统的科学课程的教学方式。传统科普教育的关键词是知识、精神，希望学生通过学习能够建立起对激光的科学认识，了解各种激光的特性，对于所看到和认识的激光现象，可以给出符合科学理论的解释。

STEM+教育思想指导下的激光主题课程，不再局限于对激光相关现象的科学认识和解释。STEM+教育的关键词是工具、能力、思想。这个变化带来的不仅是形式和载体的改变，更是成果评价方式的更新。

具体来说，就是让学生通过激光主题课程的学习，首先来体验、感受激光的趣味和特点，激发动手探索的兴趣；其次，对于激光与其他光的异同点进行探究并发现规律，了解科学主题探究的基本方法和过程，进行自我学习，利用逻辑知识去分析在探究过程中发现的现象和规律，从而理解有关光的知识，并提出自己的看法和意见；最后，利用自己的探究和分析结果，参与激光应用的实践，说明相关问题与现象，展示自己的方法和进步，并将自我学习的探究方法应用到其他主题活动中去。

该主题探究不仅能让学生学习有关激光的知识，还能让学生综合应用各种科学技术知识去解决实际问题。例如，在安全玩激光的规则制订活动中，如果学生的意见无法统一，就可以借鉴社会学里的方法，制订议事规则，然后以“少数服从多数”的原则来制订规则。

案例三　探索颜色的奥秘

一、课程规划

1. 问题引入

实际上这是一个生成的案例。教师使用具有一定功率的红色激光笔分别照射在吹满了空气、十分鼓胀的蓝色、绿色、红色、黑色和白色气球上时，学生看到：黑色、蓝色和绿色的气球很快就爆裂了，而白色和红色的气球则没有爆裂。

这个现象激发了学生的兴趣，教师要及时提醒学生注意：这是为什么？

2. 比较实验

学生重复教师的实验。之后，找来绿色的激光笔，激光笔的功率较小，结果哪个气球也没有爆裂。增大激光功率之后，学生发现：用绿色激光笔分别去照射黑色、红色、蓝色、绿色和白色的气球之后，黑色、红色和蓝色的气球会爆裂，而绿色和白色的气球不会爆裂。

3. 探索分析

有了不一样的结果之后，学生会比较兴奋，有的学生就会设法去寻找更多颜色的气球，有的学生则去寻找其他颜色的激光笔。寻找激光笔的学生找来了蓝色的激光笔，而寻找气球的学生则带来了十多种颜色的气球。

提出问题：比较上面三种不同颜色的激光照射不同颜色的气球的情况，做初步的分析和归纳。对于下一步不同颜色激光照射不同颜色气球的结果是否可以有初步的判断和预见？

思考：倘若气球不是被吹到最大，而只有最大气球的一半左右，这时用激光笔照射，是否还会爆裂？

然后，师生再通过实际操作来验证初步判断是否正确。

4. 思维拓展

一名学生突发奇想，找来了一个新的黑色塑料袋，将其撑开，让另外一名学生将激光照射在塑料袋上，不一会儿塑料袋就被激光烧出了一个洞。

另一名学生又想起来，他曾经在中央电视台看过一期《加油向未来》的节目，节目里做过类似的激光实验，激光穿过火焰之后仍然可通过照射爆裂气球。

……

通过这些探究活动，学生开始自己总结实验规律，试着进行现象的分析和归纳，同时在互联网上查询相关资料，学会了自己主导的学习方式。

用学生的话来说，这才是“玩中学”。

二、案例分析

1. 科学基础

物体的颜色不是它本身的颜色，而是它反射出来的颜色。在过去的物理教学中，这样的概念是需要物理教师反复强调的。许多学生即使记住了这个结论，也不一定能够明白其中的逻辑关系。将这样一个复杂的逻辑关系交给学生自己去探究和发现，在课程设计上也是一个挑战。

2. 探究分析

激光具有比较高的能量，可以通过照射爆裂气球，这与激光的颜色和气球的颜色有关。

虽然课上讲的激光只有三种颜色，但气球的颜色有许多种，进行的激光照射爆裂实验分为两个层次：第一层次是三种颜色的激光与五种颜色的气球；第二层次是三种颜色的激光与多种颜色的气球。

3. 系统记录

用不同颜色的激光去照射不同颜色的气球，气球有些能够爆裂，有些没有爆裂，可以引导学生将这些实验的结果全部集中在一张表格上。将不同的实验结果罗列到一张表格上，实际是让学生学会进行实验结果的系统性记录，也是为进一步总结归纳实验的规律、做好其后的逻辑分析奠定基础。

根据总体的实验记录表格，可以得出以下结论：

表6–1　激光爆裂气球情况

激光＼气球	白色	红色	绿色	蓝色	黑色
红色	不爆	不爆	爆裂	爆裂	爆裂
绿色	不爆	爆裂	不爆	爆裂	爆裂
蓝色	不爆	爆裂	爆裂	不爆	爆裂

用激光照射其他颜色的气球，除白色气球外，其他颜色的气球，与激光的颜色越相近就越不容易爆裂。

4. 分析推理

教师要求学生像科学家一样进行思考，利用逻辑分析来推论出结果，再利用所分析出来的结论去解释每一次的实验结果。

学生自己推理得出结论，不但比从网络上查询到结果印象更深刻，而且从这些推理过程中学习了分析、归纳和推理的系统方法，体验了像科学家一样思考的过程，以后遇到问题时，就能够自己进行处理。

如果像过去那样，教师先告诉学生，我们所看到的物体的颜色是物体反射光线的颜色，既不是物体本身的颜色，也不是物体吸收光线的颜色，学生是很难理解的。在学生还不理解时，做验证实验，对学生的理解帮助不大。而且这个知识范围是初中甚至高中物理光学课程里的内容，大多数学生是靠一半理解一半记忆的，等到大学学习或在工作中需要应用时，才能真正理解。

该案例中，先进行一系列的探究实验，使学生得出一系列的实验结果。为了能够清晰明了地解释这些实验结果，学生需要自己归纳和推理，明确解释探究实验现象的方法和逻辑。由于PBL学习方法有大量的探究实验的支持和自我分析的基础，学生就比较容易理解，对于这些原理也记得比较牢固，也能够利用这些原理清晰地解释有关现象，并有效地应用这些知识去解决实际问题。

经过这样的探究过程，不少学生都理解了物体颜色的来源是“反射光线颜色”的内涵。

案例四　思辨的学习

一、课程规划

【学科背景】以“激光”为主题的探究式学习。

【基本过程】

1. 问题引出

教学伊始，教师介绍激光的特点，进行了激光爆裂气球的探究活动，并让学生自己来设计实验过程中保护眼睛的措施。有学生提议：参与者都带上墨镜。学生一致附议了这个提议，并将其作为实验操作的保护规则之一。

此时，有学生提出：虽然墨镜号称“防护镜”，但是激光发出的光的强度很大，墨镜是否能够阻挡激光的照射还缺乏实际的验证。

如果没有学生提出这个问题，教师也要通过“有人不相信，有家长怀疑这些墨镜的质量”等一系列暗示，引导学生提出墨镜是否能够阻挡激光照射的疑问。探索的目标是让学生知道：实践才是检验真理的唯一标准。

2. 设计方法

引导学生认识思辨思维方法。按照思辨思维方法，可以对墨镜的防护效果提出质疑，从而提出自己的假设和判断，并通过实验来验证。

而墨镜是否能够在激光的直接照射下有效保护眼睛的实验，是不可能、也不允许学生用自己的眼睛去做的。那么，如何利用实验来验证墨镜的防护效果呢？

在具体的实验探究活动中，设计一个模拟和替代的实验，来进行墨镜对激光防护效果的实验验证：

在用激光爆裂气球实验中，增加用墨镜来保护气球的环节。倘若激光通过墨镜后，不能爆裂气球，没有墨镜就可以爆裂气球，就可以证明墨镜对激光的照射有明显的防护作用，反之亦然。

当然，如果拥有更好的设备——照度仪，也可以通过照度仪在不同条件下测量到的数据比较，具体说明墨镜对某种颜色激光的具体防护效果，将其具体的防护效果数据化、定量化。

3. 分析探索

由于这个探究活动不可能也不允许用眼睛去实验，而这样的模拟实验是否可以证明墨镜对激光的防护效果？根据模拟实验结果，教师组织学生一起进行讨论。

探讨和分析的过程就是思辨思维的展现过程。

在激光笔的功率比较大的情况下，这种模拟实验还能够说明问题吗？

即使激光笔的功率不那么大，不能爆裂气球，这样的激光直接照射眼睛是否会对眼睛造成损伤？我们发现了激光照射迅速躲开，会对眼睛有伤害吗？

根据实验验证的结果，我们是继续使用现有的墨镜还是选择其他的防护镜？我们做出该决定的依据是什么？选择防护镜的依据和标准是什么？

4. 思辨的作用

不会人云亦云：思辨使人不迷信权威、改变懒惰习惯、做事没有标准答案……

破除定式思维：改变思维习惯、思维模式、思维定式、惯性和顽固性……

自己进行思考：思辨能将碎片化知识融会贯通，使学生独立思考，学会思辨的方法和程序……

设想与验证：思辨使人拥有理性态度，使人实事求是，能将理论与实际相联系，并尊重事实……

二、案例分析

这是一个有趣的教学案例。毕竟防护镜是教师提供给学生的，从传统“师道尊严”的认识出发，为了维护教师的形象，学生似乎不应该追究其质量的好坏。但从更深的层次考虑，这些防护镜既不是教师设计的，也不是教师生产的，教师是无法就其质量给出任何保障的。

为师之道，在于尊重人性，严谨为学，即所谓学为人师、行为世范。尊师的重点是学习教师的思想方法，能够对所有的事物进行严谨的分析，将从教师那里学来的思想方法用到实际生活当中去。

所以，能够对教师提供的防护镜的防护效果提出质疑，就是继承了教师的探究方法，开始有了自己的思考。有了自己的思考，就可以进行自我探究和学习，可减轻教师的劳动强度，也是对教师教学效果的最好肯定。

三、创新训练

1. 游戏与创新

介绍科技运动会中的气火箭比赛和纸桥承重比赛，同时介绍各届比赛的成绩和新纪录。

鼓励学生自己动手制作材料参加班级里的比赛，将自己的比赛成绩与优秀选手的成绩进行比较。发现并提高制作水平，探讨通过努力后，达到或超越过去优秀选手成绩的可能性。

比赛方式的变化：

（1）气火箭比赛的变化：管子长度的变化、管子粗细的变化、气体产生方式的变化……

（2）纸桥承重比赛的变化：用纸数量的变化、胶带纸的引入、模块的形成、不同模块的组合、基座的确定……

思考与探究：游戏规则的变化意味着什么？

2. 游戏新玩

管子发声实验，管乐器。

（1）介绍中国管乐器、西洋管乐器。音乐会的演奏与掌握管乐器的水平。

（2）探讨低水平的效果（“弹棉花”）及能够达到较高的水平的途径。

游戏的新玩法：各种发声技巧、自制管乐器、胡萝卜乐器、自动控制乐器。

新玩法造就了新的区域与领域。新方法更好玩、更有趣。

3. 游戏与技巧

具有清晰规则的游戏：NBA、奥运会、世界杯……

游戏水平高低的衡量方式：世界纪录、世界冠军和总冠军……

为了提高游戏的水平可以采用的办法：选材、教练、练习、选拔、淘汰……

另辟蹊径，能够利用技巧进行游戏创新的项目：花式篮球、杂技（撑杆跳高）、《挑战不可能》、重新设计比赛项目。

创新游戏水平的衡量方式：吉尼斯世界纪录。

创新游戏的比赛，除了比技能与技巧外，还要比设备，更要比“脑洞”的大小。

如何来大开“脑洞”，拓展“脑洞”？

开“脑洞”的案例：把音乐立体化、图像化，即建立音乐的三维坐标。

4. 创新的起步

开始改变：创新从改变现状开始，针对现实中的问题、需要改善的地方努力去做……

试探性方法：盲人登山、试探的逻辑、试错和比较、逐步改善、成本核算……

分解组合：分解、组合、添加、功能搭配、减少累赘、精简专用……

和田12法：加、减、扩、变、改、缩、联、学、代、搬、反、定。

检核表法：有无其他用途、能否借用、能否改变、能否扩大、能否缩小、能否代用、能否重新调整、能否颠倒、能否组合？

分析法：5H1W。

5. 创新的思维

逆向思维：采取反向思维来寻求解决问题的方法，从事物的反面反其道而行之，返回初始状态重新开始新探索。

发散思维：思维呈扩散状态，将事物分解。

收敛思维：集中于同一方向，使思维条理化、逻辑化、规律化。

形象思维：将未解决的问题与已经解决了的问题的方法进行类比，模仿生物组织结构和运行模式，将不同表象进行联系，将不同学科相互联系和渗透。

直觉与灵感思维：凭借直觉而进行的顿悟，依据感知迅速地做出判断和猜想，依据经验、记忆在头脑中创造出全新的形象。

逻辑思维：演绎、归纳、规则、秩序。

6. 创新的技法

模仿类技法：分解、组合、信息交合、形态分析。

40个创新原理：分割分离、抽取、局部改善、不对称、组合、嵌套、补偿……

跳跃思维类技法：智力激励、联想、逆向构思、卡片整理、形象、灵感、设想、列举……

严谨推理类技法：演绎、归纳、原理探索、类推、类比、等价变换……

7. 创客的培养

思维训练：培养灵活性、推理能力、持久性、求异思维、系统思维、辩证思维。

能力培养：捕捉创意火花，培养动手能力、利用工具的能力、团队合作能力。

了解器材与工具：机械、木工、结构、电子、连接。

编程与控制：软件、传感器、动作、系统、反馈等。

创客文化：空间、活动、设计、制作、分享、交流等。

“六创”进程：创思、创出、创作、创建、创业、创投。

8. 创业者的素质

创新的作用：创造、价值、发展、完善……

工程与艺术：美观、商品、规模、社会效益……

价值的体现：解决问题、降低劳动强度、降低成本、环保、销售量……

评价与推广：速度、比较、效率、效益、节能……

专利与保护：专利法、维权。

专利的查询与申请：检索、数据库、文件材料、步骤、利弊……

STEM+教育是一个关注实际应用的系统教育过程。在实际应用过程中离不开问题的解决，而解决问题又需要有创新的方法。因此，STEM+教育与创新是不可分割的。学习是创造的基础，是创新者必须具备的关键能力。引导学生进入“创新”的过程，能使学生理解学习的意义，唤起学生的学习动机，激发学生的学习热情，从而使学习更具效能，使学习与创新相辅相成。

STEM+教育并不强调知识和概念，而是侧重思维模式和问题解决能力的提升。随着智能时代的到来，技术在各个领域越来越重要，学习各知识模块的技术工具不断涌现，碎片化学习已经成为现实。技术可以用来学习和认识各个不同的知识模块，但也只是工具，更重要的是思维方法。利用思维方法将知识模块串联并应用，才是真正掌握了相关的知识和能力。所以，STEM+教育课程就是以技术为手段，以思想、理念、内容为核心，利用不同的主题和素材，建构起更多好玩、能创新、可展示的新型课程。

为了能够让学生学习和体验创新的思维与方法，本案例通过游戏和比赛、游戏新玩等，展示了创新的魅力和效果，也展示了创新的基本思想方法和可能的渠道，有效地引发了学生对创新的思考和欲望，从而让学生在了解和认识了不同的创新思维与创新技法后，通过身边的事物进行创新探索。

附录1　美国STEM早期教育六项行动纲领

［STEM⁺研究中心按］：当我们注视一群在花园里挖土、浇水的孩子时，是否思考过他们在学习什么？他们从自然的活动中，开始掌握科学和自然世界的基本概念——小花需要多少水，什么是根，植物的生长如何随季节变化等。这些活动为深入学习环境科学和植物生物学，培养批判性思维能力，解决问题和反复试验打下了基础。无论是园艺、建筑堡垒、堆砌块、在水桌上玩耍，还是在教室里排队，孩子们都对投入STEM活动表现出了积极的兴趣。

美国国家科学基金会在研究的基础上，形成了一份完整的“STEM早期教育的研究报告”，提出了6大纲领性的行动建议，与上海30余所实验幼儿园开展的STEM⁺教育学前探索进行对照，发现二者在思考和做法上的很多地方不谋而合，这也证明了STEM⁺教育的上海实践研究具有前瞻性和高瞻性。

一、家长参与

鼓励父母成为孩子STEM教育的第一人和最重要的引路人。

如果父母充分理解并有信心支持孩子的STEM学习，将对孩子的未来产生重大、深远的影响。现代的父母愿意也有能力参与孩子的教育，当然他们需要获得更专业的知识和支持。

建议：

1. 父母应该多从专业的幼教和研究机构、社交媒体、儿童保育中心、儿科医生、育儿杂志及科学的儿童出版物中，获取STEM早期学习的方法。

2. 专业的机构应该更多地为父母提供在居家环境、日常生活中学习STEM的参考案例，消除误区，让父母明白其实STEM学习是可以随时随地发生的，并不总是需要很高的成本和资源投入。

3. 当然，仅仅通过碎片的信息和小贴士是不够的，政府和区域应该制定更为系统、长期的培训方案，通过媒体技术和移动终端为父母持续地提供STEM教与学的培训。

二、教师支持

为教师提供STEM早期教育的专业培训。

STEM的学习必须巧妙地融入早期学习环境，其学习环境的构造并非简单地做加法，比如，加入一些数学思维活动或科学实验等，它应该是孩子如何学、教师怎么教和家庭的需求三维一体的整合，教师需要进行高质量的准备方能成功！

建议：

1. 教育领导者应确保教师获得动态、连贯的STEM教师专业发展培训和课堂实践。

2. 教师专业发展培训内容应优先包括STEM课程内容、基于儿童认知发展规律的STEM学习、精心设计的课堂教学模式和教学法。

3. 好的教师专业发展培训模式应该让教师像孩子一样学习，使教师因好奇心驱动，动手修修补补、探索、建构，并帮助教师对STEM主题领域进行整体理解，以便他们能够以同理心的方式针对学生塑造STEM学习模式。

4. 研究中心应该将教师的经验、教训和案例汇总起来，采用教师容易获得的方式传播研究结果。

三、连接学习

创建支持孩子STEM学习的“充电站式”的网络系统。

家长、教师、科技馆、博物馆和图书馆应合力为孩子创建一个“充电站式”的网络系统，以提高孩子的STEM学习能力，拓展STEM学习经历，让孩子成为STEM学习者。

建议：

1. 博物馆、图书馆和社区应在校外非正式的学习环境中开展STEM早期教育。展览和互动类的活动通常会比较吸引儿童，也可以同时向家长提供直接的指导，让他们了解如何与孩子一起探讨STEM，支持家长可以在这种环境之外引导孩子继续学习。

2. 为相关的学习场所提供高速互联网和其他数字设备，确保孩子们拥有平等的数字资源。

3. 教育行政部门应和地方政府合作，确保STEM早期教育工作者能够通过互联网进行协作，参加专业发展课程、更新课程，并进行评估，提供适合其年龄的数字工具，方便其在教室中开展实时记录和分析。

4. 领域专家的参与。他们可以通过与家长面对面的交流或使用交互式的媒体渠道帮助家长进行更高水平的STEM学习。

四、儿童早期教育转型

建立高质量一贯制的早期学习系统（0~8岁）。

强大的STEM早期教育和国家对儿童早期教育的支持政策是密不可分的。

给政府和机构的建议如下：

1. 为儿童早期教育提供资金和资源的保障。

2. 和大学或机构合作，为0~8岁儿童的STEM教育建立顶层设计的框架，类似K–12科学教育标准。

3. 解决早期教育工作者的薪酬、福利待遇和继续教育等问题。

4. 关注美国医学院和国家研究委员会最近的研究报告*The Workforce for Children Birth Through Age 8*中提出的13个重要建议，旨在创建专业标准，支持高质量的STEM早期学习。

五、调整研究优先级

提高早期STEM研究资助和开展方式。

目前国家机构并未将重心放在STEM早期教育研究上，更多的资金和资源都投在大龄孩子的STEM专业和职业方面，虽然有一些STEM早期教育的研究，但力量是分散的，缺乏协调和合作。反而是很多私营企业通过推出一系列教育类产品和教育类程序在进行STEM早期教育。

建议：

1. 尽早从国家层面组织关于儿童早期教育和STEM早期教育的研究，找出差距，形成政府制定STEM早期教育政策的战略基础研究。

2. 鼓励研究项目的设计者采取研究和实践并进的双轨制研究方法。

3. 研究应该跨机构和跨学科合作，收集综合的信息和证据。

六、清晰沟通

使用沟通科学建立公众意愿，将STEM学习整合到早期教育中。

目前STEM行动纲领和儿童早期STEM教育并不一致：它们旨在为大龄学生未来从事STEM职业，为国家经济更具竞争力培养人才做准备，而很少聚焦在低龄儿童的STEM启蒙教育上，有些父母和儿童早教工作者甚至对开展STEM早期教育持谨慎态度。如果能够将强调真实经验、积极的、激发好奇心的STEM教育给孩子带来的益处进行正确解释，那么，许多顾虑将会随之消失。

美国科学基金会在其研究报告中强调了“两个科学”——传播科学和政策科学，并建议使用这种双科学的方法启动关于儿童早期教育和STEM教育的全国对话。

建议：

1. 所有参与儿童STEM早期教育的工作者和相关者采用统一的沟通方法，避免不当沟通重新激起之前已经存在的对STEM早期教育的误解。

2. 国家和地方政府应就早期学习和STEM的未来召开峰会。

3. 社会公共媒体应开展项目，在STEM早期教育中体现公众利益，建立家庭和学校之间的桥梁。

4. 为了有效地为儿童播下STEM种子，动员每个关键领域的领导者共同努力，只有这样才能创造出最宝贵的人才资源。

附录2 电动小车行驶和载重耐力比赛规则设计

一、比赛目标

根据节能与新能源汽车行业发展的特征，我们设计了电动小车行驶和负重的耐力比赛，要求比赛选手在规定时间内使用自备材料做成一个限定整体质量，同时能够负重一定质量并连续行进的小车，小车能够与智能手机进行蓝牙连接，并利用手机对其进行运动过程的控制。

比赛规则对小车的自身质量和电池的质量与电压做了严格的规定，希望参赛队伍能够用更加轻便的机械结构和更低额定电压的电动机来驱动负载车辆，去行走尽可能长的距离。虽然这个比赛是以电动小车所行走的距离作为比赛成绩，但是电动机的能力也是比赛的关键，其中电池的总质量越小、负重车辆本身自重越轻，电池的输出电压就越低，在比赛成绩确定时的参数就越大，即在同样的行驶距离下，比赛的总成绩就会越好。

考虑到新能源汽车从安全和成本的角度出发，基本不会使用碳纤维材料，因此在本次比赛中不鼓励学生使用碳纤维材料作为小车的基础结构材料，并有针对性地对使用碳纤维材料做出了“使用碳纤维材料者将进行成绩折半计算”的特殊规定。

我们进行比赛的目的就是鼓励更多的中学生在节能、储能、电动机动力与控制等方面进行更多有益的探索。虽然在这个电动小车的比赛过程中只能由一个学生驾驶着行进，但整个制作过程涉及众多的行业和专业，因此电动小车行驶和载重耐力比赛也必须由多名学生组队参加。

二、行驶耐力赛方案

1. 赛制说明

（1）电动车辆检验

① 整车称重。

② 整车尺寸测量。

③ 电源系统的质量和电压测量。

（2）比赛方式

在负重达到70千克（包括驾驶员的体重）的情况下，在校园里的环形道路上行进。测量在电池电量用完之前能够行走的最大距离，同时像跳水比赛那样，再用这个距离乘各个难度系数，就可以得到每个队的比赛成绩，比赛成绩最高的为优胜者。

2. 制作要求

（1）比赛材料说明

比赛材料由各个参赛队伍自己挑选，质量、规格及相关要求如下：

① 材料类型：不鼓励使用碳纤维材料，其他材料均可，使用碳纤维材料者将直接被定义为低难度系数。这是基于新能源汽车从安全和成本的角度出发，基本不会使用碳纤维材料，而有针对性地做出的特殊要求。

② 尺寸规格要求：500毫米≤总长度≤1500毫米，300毫米≤总宽度≤700毫米，总高度≤1000毫米。另外，除轮胎外，小车底盘距离地面的高度≥100毫米。

③ 动力电源限制：充电完成后，电源系统的总质量≤1000克。

④ 为了提高比赛的安全性，降低使用碳纤维材料可能引发火灾的危险性，在比赛中不鼓励使用碳纤维材料。对于那些使用碳纤维材料的比赛队伍，材料的难度系数降低到0.5，即将实际行走的距离乘0.5作为比赛成绩。

⑤ 电压难度系数的确定：以充电后的输出电压测量值18伏为电压难度的基准，根据实际测量到的电压U与这个基准的比例差距来确定电源电压的难度系数nU，其计算方式为$nU=18/U$。当所测量电源输出电压U低于18伏时，难度系数为大于1的数值；当所测量的电源输出电压U高于18伏时，难度系数为小于1的数值。

⑥ 小车质量难度系数的确定：以安装完毕后的智能小车总质量测量值30千克为小车质量难度的基准，根据现场实际称重得到的小车质量W（单位：千克）与这个基准的比例差距来确定小车质量的难度系数nW，其计算方式为$nW=30/W$。当所称重的小车本身质量W低于30千克时，难度系数为大于1的数值；当所称重的小车本身质量W高于30千克时，难度系数为小于1的数值。

⑦ 小车的轮胎与地面接触部分必须是有一定柔韧性的橡胶或塑料材料，不允许任何金属材料直接接触地面。

⑧ 小车的转弯和速度控制方式没有限制，各个参赛队伍可以自行设计和组装。

（2）比赛工具说明

选手允许自带工具和设备，根据场地情况，在比赛前对车辆进行调整。但电池仅限于在比赛前进行充电，禁止在比赛过程中使用电烙铁或其他电动工具。

（3）现场充电和道路调试时间

≤60分钟。

（4）小车难度系数的判定

① 比赛使用的材料类型，必须在组装前清晰说明，并进行查验。

② 比赛前需要进行电池和车辆的整体称重以及底盘高度的确认。

③ 组装完成后的小车必须进行检验，其外形尺寸要在限定范围内。达不到要求的小车不允许参加比赛。同时，对接触地面的材料、小车总质量、载重方式、比赛方式等内容做出明确界定。

3. 比赛细则

（1）比赛前准备

① 在小车安装前，确定小车结构件是否含有碳纤维材料，若结构件中含有碳纤维材料，则材料的难度系数为0.5；若结构件中不含碳纤维材料，则材料的难度系数为1。

② 在小车安装完毕后允许进行充电，充完电后进行电源系统的质量测试，电源系统总质量超过1000克的小车不允许参加比赛。

③ 在小车出发前允许进行调试，调试完成后进行电压和小车自身质量的测量，根据实际测量数值，按照条款规定，来确定电源电压难度系数和小车质量难度系数。

（2）行驶比赛细则

① 小车不包括自身质量之外的有效负重至少为70千克，可以由驾驶员和重物来实现（即驾驶员体重不够部分可以采用增加重物来补足），也可以直接摆放重物来实现。负重不达标的小车不允许参加比赛。

② 全部摆放重物的小车，可以选择多件不同质量的重物作为负载，只要在小车上摆放的重物总质量≥70千克即可开始比赛。有驾驶员的小车，在驾驶员本身称重后，可以再选择数件不同质量的重物作为负载补充，只要小车驾驶员和摆放重物的总质量≥70千克即可。

③ 到达起点线位置开始比赛前有30秒的准备时间，可以校正电动小车

的方向和所载重物的质量分布情况，准备好之后向裁判举手示意：准备完毕，可以开始比赛。

④ 比赛过程中，小车只能在自身电池供电的电动机的带动下运动，离开起点线，沿着比赛道路向前运动。倘若小车在运动的过程中有外力的推动，如随行控制者的推拉，或者驾驶者的脚落地等，均视作犯规，取消比赛资格。在行驶过程中，倘若发生负载重物掉落和驾驶者落地的现象，则视作承载失败，没有比赛成绩。比赛过程中，允许同队的其他人员在比赛场地外用语音对驾驶者做出提示、指导与建议，但不允许接触比赛车辆，也不允许更换驾驶者。同队的其他人员接触到了比赛车辆，可以视为车辆发生问题，需要移出比赛跑道，在接触到车辆处即为比赛结束处。

⑤ 在比赛过程中允许有短暂的停顿，以便让电池恢复，但每次停顿不可超过10秒。一旦小车开始停顿，裁判就需要像拳击裁判那样开始读秒，一旦超过10秒，则表示电池的电量已经基本耗尽，无法再推动小车前进。此时，小车所在位置到起点线的距离即为该队的小车的行驶距离。

⑥ 比赛结束后，比较各个车辆的行驶距离，并将距离与各难度系数相乘，算得的行驶距离最长即折算后总圈数最多的车辆的所属队伍获胜。

（3）评分说明

总评分数按照实际行驶距离再分别乘材料难度系数、电池电压难度系数、小车质量难度系数，得到一个包含难度系数的加权行驶距离。

（4）比赛场地

① 驾驶比赛的场地和要求：比赛在学校内的环形道路上进行。所设计的环形道路中的道路路面必须有柏油路面、混凝土路面、粘土砖铺设路面和釉面砖路面，不同路面的接合处，若高度落差大于50毫米，则需要用水泥斜面进行连接。

这些道路组成的环形道路可以有一定坡度，环形道路一圈的总长度不少于500米。

② 比赛期间场地维护要求：比赛期间除裁判及参赛选手外，任何人不可逾越警戒线，也不可踏入比赛区域。

4. 质疑及申诉

选手在比赛期间，有权利对比赛过程中存在的不公平现象提出质疑及申诉，相关条例如下：

（1）比赛中遇到争议时，须由各参赛队伍的领队向裁判委员会提出。现场亟待解决的问题可由领队向有关裁判长口头提出，但不得妨碍比赛的进行。

（2）参赛队员对裁判的裁决如有异议，允许提出口头质询，在得到裁判长的明确答复后，应服从裁决，不得多次抗争纠缠。

（3）对裁判员的裁决仍持有异议的，应由领队向裁判长提出书面申诉裁决，并同时提供相关证据（如手机录像等），直至仲裁委员会最终判定，凡是与比赛成绩有关的意见应在比赛成绩公布后60分钟内向总裁判长和副总裁判长提出，过时不予受理。

三、负重耐力赛方案

1. 赛制说明

（1）电动小车检验

① 整车称重。

② 整车尺寸测量。

③ 电源系统的质量和电压测量。

（2）比赛方式

在负重120千克的情况下，在赛场跑道上行进。测量在电池电量用完之前能够行走的最大距离，同时像跳水比赛那样，再用这个距离乘各个难度系数，就可以得到每个队的比赛成绩，比赛成绩最高的为优胜者。

2. 制作要求

（1）比赛材料说明

比赛材料由各个参赛队伍自己挑选，质量、规格及相关要求如下：

① 材料类型：不鼓励使用碳纤维材料，其他材料均可。小车的轮胎与地面接触部分必须是有一定柔韧性的橡胶或塑料材料，不允许任何金属材料直接接触地面。

② 尺寸规格要求：400毫米≤总长度≤700毫米，400毫米≤总宽度≤600毫米，总高度（负重之前）≤500毫米。

③ 动力电源限制：充电完成后，电源系统的总质量≤350克。

④ 为了提高比赛的安全性，降低使用碳纤维材料可能引发火灾的危险性，在比赛中不鼓励使用碳纤维材料。对于那些使用碳纤维材料的比赛队伍，材料的难度系数降低到0.5，即将实际行走的距离乘0.5作为比赛成绩。

⑤ 电压难度系数的确定：以充电后的输出电压测量值12伏为电压难度的基准，根据实际测量到的电压U与这个基准的比例差距来确定电源电压的难度系数nU，其计算方式为$nU=12/U$。当所测量电源输出电压U低于12伏时，难度系数为大于1的数值；当所测量的电源输出电压U高于12伏时，难度系数为小于1的数值。

⑥ 小车质量难度系数的确定：以安装完毕后的电动小车总质量测量值8 000克为小车质量难度的基准，根据现场实际称重得到的小车质量W（单位：克）与这个基准的比例差距来确定小车质量的难度系数nW，其计算方式为$nW=8\,000/W$。当所称重的小车本身质量W低于8 000克时，难度系数为大于1的数值；当所称重的小车本身质量W高于8 000克时，难度系数为小于1的数值。

（2）比赛工具说明

选手允许自带工具，但制作现场所提供的交流电源仅限于给充电宝进行充电，禁止在比赛现场使用电烙铁或其他电动工具。

（3）现场组装和调试时间

≤30分钟。

（4）制作违规行为判定

① 比赛使用的材料类型，必须在组装前清晰说明，并进行查验。

② 所有机械类材料和元器件必须被拆卸成最简单状态，电子器件除外；所有机械安装必须在现场进行，禁止携带机械安装的成品或半成品进入制作现场，一旦发现取消比赛资格；允许事先进行印刷电路板的焊接和几块电路板间的连线焊接，但电路板与电动机连线必须用插接件、公母接头或鳄鱼夹进行连接。

③ 组装完成后的小车必须进行检验，其外形尺寸要在限定范围内，达不到要求的小车不允许参加比赛。同时，对接触地面的材料、小车总质量、载重方式、比赛方式等内容做出明确界定。

3.比赛细则

（1）比赛前准备

① 在小车安装前确定小车结构件是否含有碳纤维材料，若结构件中含有碳纤维材料，则材料的难度系数为0.5；若结构件中不含碳纤维材料，则材料的难度系数为1。

② 在小车安装完毕后允许进行充电，充完电后进行电源系统的质量测试，电源系统总质量超过350克的小车不允许参加比赛。

③ 在小车出发前允许进行调试，调试完成后进行电压和小车自身质量的测量，根据实际测量数值，按照条款规定，来确定电源电压难度系数和小车质量难度系数。

（2）行驶比赛细则

① 小车的负重至少为120千克，既可以由一定体重的驾驶员来实现（驾驶员体重不够部分可以采用增加重物来补足），也可以直接摆放重物

实现。负重不达标的小车不允许参加比赛。

② 全部摆放重物的小车，可以选择多件不同质量的重物作为负载，只要小车上摆放的重物总质量≥120千克即可。有驾驶员的小车，在驾驶员本身称重后，可以根据驾驶员的体重情况再选择数件不同质量的重物作为负载，只要小车驾驶员和摆放重物的总质量≥120公斤即可开始比赛。

③ 到达起点线位置开始比赛前有30秒准备时间，可以校正电动小车的方向和所载重物的质量分布情况，准备好之后向裁判举手示意：准备完毕，可以开始比赛。

④ 在获得裁判同意后，小车只能在自身电池供电的电动机的带动下离开起点线，沿着规定道路向前运动。倘若在小车运动过程中有外力的推动，如随行控制者的推拉，或者驾驶员的脚落地等，均视作犯规，取消比赛资格。

⑤ 在比赛过程中允许有短暂的停顿，以便让电池恢复，但每次停顿不可超过15秒。一旦小车开始停顿，裁判就需要像拳击裁判那样开始读秒，一旦超过15秒，则表示电池的电量已经基本耗尽，无法再推动小车前进。此时，小车所在位置与起点线的距离即为该队小车的行驶距离。

⑥ 比赛结束后，将各个队伍的行驶距离和各难度系数相乘，算得的行驶距离最长的队伍获胜。

（3）评分说明

总评分数按照实际行驶距离再分别乘材料难度系数、电池电压难度系数、小车质量难度系数，得到一个包含难度系数的加权行驶距离。

（4）比赛场地

① 驾驶比赛的场地和要求：比赛在学校操场的标准四百米跑道上进行，每辆车占据一条跑道，像田径比赛的四百米跑一样，应在自己所在跑道中进行比赛，在跑道转弯处，电动小车也需要随着跑道进行转弯。倘若在比赛过程中向内道方向冲出跑道，则有“偷跑”嫌疑，没有比赛成绩，

但向外道方向冲出跑道，且没有影响到其他人的比赛进程，则可以不予处罚。

② 比赛期间场地维护要求：比赛期间除裁判及参赛选手外，任何人不可逾越警戒线，也不可踏入比赛区域。

4. 质疑及申诉

比赛选手在比赛期间，有权利对比赛过程中存在的不公平现象提出质疑及申诉，相关条例如下：

（1）比赛中遇到争议时，须由各参赛队伍的领队向裁判委员会提出。现场亟待解决的问题可由领队向有关裁判长口头提出，但不得妨碍比赛的进行。

（2）参赛队员对裁判员的裁决如有异议，允许提出口头质询，在得到裁判长的明确答复后，应服从裁决，不得多次抗争纠缠。

（3）对裁判员的裁决仍持有异议的，应由领队向裁判长提出书面申诉裁决，并同时提供相关证据（如手机录像等），直至仲裁委员会最终判定，凡是与比赛成绩有关的意见应在比赛成绩公布后60分钟内向总裁判长和副总裁判长提出，过时不予受理。

参考文献

[1] 祝智庭，雷云鹤. STEM教育的国策分析与实践模式[J]. 电化教育研究，2018（1）.

[2] 夏小俊，董宇，柏毅. 美国STEM对我国中小学科学教育的借鉴意义[J]. 东南大学学报（哲学社会科学版），2016（A1）.

[3] 赵兴龙，许林. STEM教育的五大争议及回应[J]. 中国电化教育，2016（10）.

[4] 肖萍. 创新教育大突围[M]. 长春：东北师范大学出版社. 2016.

[5] 徐则荣. 创新理论大师熊彼特经济思想研究[M]. 北京：首都经济贸易大学出版社，2006.

[6] 陈劲，贾根良. 理解熊彼特：创新与经济发展的再思考[M]. 北京：清华大学出版社，2013.

[7] 方旭，史妮娜. 我国中小学教师STEM教育现状的实证研究[J]. 中国教育信息化，2018（3）.

[8] 倪闽景. 学校的五大预测，大势所趋[J]. 师资建设（双月刊），2016（3）.

[9] 阮汝祥. 技术创新方法基础[M]. 北京：高等教育出版社，2009.

[10]（美）艾萨克·布柯曼. TRIZ：推动创新的技术[M]. 李晟，李荒野译. 北京：中国科学技术出版社，2016.

[11] 余胜泉，胡翔. STEM教育理念与跨学科整合模式[J]. 开放教育研究，2015（4）.

[12]（美）826全美. 基于课程标准的STEM教学设计：有趣有料有效

的STEM跨学科培养教学方案［M］. 林悦译. 北京：中国青年出版社，2018.

［13］陈如平，李佩宁. 美国STEM课例设计（小学卷）［M］. 北京：教育科学出版社，2018.

［14］肖萍. STEM$^+$教学设计与案例分析［M］. 长春：东北师范大学出版社，2016.

［15］吴军. 见识［M］. 北京：中信出版集团，2018.

［16］（美）东尼·博赞，（美）巴利·博赞. 思维导图［M］. 卜煜婷译. 北京：化学工业出版社，2014.

［17］吴庆元. 学会创新：中学生创新活动与实践［M］. 深圳：海天出版社，2004.

［18］钱颖一. 批判性思维与创造性思维教育：理念与实践［J］. 清华大学教育研究，2018（4）.

后　记

本书是针对深圳市2017年度中小学“好课程”项目所提出来的设想，并在“好课程”项目完成后，在相同主题上继续探索的结果。

深圳市中小学的“好课程”建设，是为了切实贯彻落实《关于进一步提升中小学生综合素养的指导意见》《关于全面深化中小学课程改革的指导意见》和《深圳市教育事业发展“十三五”规划》的有关要求，进一步深化中小学课程改革，更好地促进中小学生综合素养的培养，以“好课程”的形式，通过一定的经费资助和专家专项指导，围绕创新能力、身体健康、艺术素养和国际视野等主题领域，更好地提升课程的选择性和满足学生的个性需求，面向社会评选的一批具有鲜明特色的校本课程。

在STEM+教学设计方法的探索中，我们将系统创新思维方法引入教育改革中，这也是继《创新教育大突围》一书之后，在教学实践和讨论分析基础上的再提高。本书写作过程中，作者得到了创新教育专家、法国工学博士顾文扬先生的大力协助，在此特别致谢。

STEM+教育是一个新生的事物，目前还没有太多经验可以借鉴。虽然为教师提供STEM+教学设计和方法是笔者编写本书的目标，但是笔者深知自己能力有限，这里仅仅是将笔者所收集到的材料以及有限的探索呈现给大家，希望能够为愿意进行STEM+教学探索的中小学教师提供一些参考，起到抛砖引玉的效果。

由于水平所限，本书中还存在许多问题，希望读者能够及时提出宝贵的意见，让笔者在探索STEM+教学方法过程中能够更有效率。同时，在写作过程中还采用了一些网络上的图片和资料，在此一并致以感谢！

江苏凤凰教育出版社
《行知工程》系列丛书目录

系列	序号	书　　名	作者	定价
教育求索系列	1	《STEM$^+$教育的课程整合与教学实践》	肖　萍	40.00
	2	《做有智慧的班主任——班主任讲述自己的反思与智慧》	李　楠　李志远	35.00
	3	《成语育人——成语文化课程的开发与实践》	张红梅	35.00
	4	《做有思想的教师》	张玉彬	45.00
	5	《区域规范性教研共同体建设及其实践》	陈宗成	40.00
	6	《让诗意润泽心灵——德育校本课程的开发与实施》	陈亚兰	40.00
	7	《联想形象识字教学——让学生感悟汉字神韵》	侯忠彦	50.00
	8	《思维导图教学法：一位历史老师的教学探索》	罗培生	35.00
	9	《让经典滋养人生——名著导读教学策略（中学）》	郑建忠	35.00
	10	《关注每一位儿童的发展——语文小班化教学的探索和实践》	何慧玲	40.00
	11	《让生命诗意地栖居——诗意教育的理念建构与实践探索》	钱丽美	40.00
	12	《怎样上好语文课——时鹏寿解析精彩课例》	时鹏寿	45.00
	13	《让书香浸润生命——时鹏寿伴你品读经典》	时鹏寿	35.00
	14	《开在手心里的花——一位优秀教师的教育情怀》	詹雪莲	40.00
	15	《学科建设与教师发展——中学数学》	杨志文	30.00
	16	《欣说教育那“一亩三分地” ——一位一线教师的教育微思考》	王庆欣	30.00
	17	《爱的守望——一位一线教师对教育的坚守》	林卫红	30.00
	18	《思政教学的人文力量》	戴晓华	30.00
	19	《师道新说——给教育者的30条箴言》	徐　卫	30.00
	20	《快乐数学——初中数学教学方式探索》	孙国芹	36.00
教育管理力系列	21	《学校管理“非常道”——无痕管理的场域建设》	陈兴杰	45.00
	22	《缔造唯美教育——延奎小学素质教育实施策略》	易增加	30.00
	23	《让普通学校崛起的20个细节 ——“生命为本”教育团队成长密码》	李其玉	30.00
	24	《“走”出教育的精彩：走动式学校管理文化构建》	罗　军	30.00
	25	《校长兵法：学校管理四十六计》	皮大鹏	30.00

系列	序号	书　　　名	作者	定价
校本研修系列	26	《成为研究型教师的实践智慧 ——中小学有效教科研76问》	徐　洁	40.00
	27	《徜徉语文教研》	肖俊宇	35.00
	28	《校本研修资源的开发与利用》	陈朝林	30.00
	29	《校本研修与教师专业成长》	吴积军	30.00
	30	《卓越教师经典研修成长策略》	刘天宝等	30.00
	31	《特色校本课程开发范例解读》	刘永平　李秀伟 张雪梅	30.00
	32	《高效校本研修模型构建艺术》	刘素雁	30.00
	33	《走向实践的教研——中小学教育科研引领与应用》	江　敏	30.00
名师感悟系列	34	《追寻教育的精神力量 ——品悟教育名家的智慧与情怀》	侯登强	45.00
	35	《让心灵伴着歌声成长——22位音乐名师的教育智慧》	陈　璞	30.00
	36	《超越自我的教师——32位名师的成长感悟》	李卫东　李秀伟	35.00
	37	《心灵的守护者——19位名班主任的教育智慧》	王晓松　曲文弘	30.00
	38	《名师感悟班主任有效工作艺术90例》	符礼科	30.00
	39	《名师感悟有效教学90例》	林高明　徐玉烟	30.00
教育思想者系列	40	《治校之道——小学名校长的办学智慧(1)》	陶继新	35.00
	41	《治校之道——小学名校长的办学智慧(2)》	陶继新	32.00
	42	《治校之道——中学名校长的办学智慧(1)》	陶继新	40.00
	43	《治校之道——中学名校长的办学智慧(2)》	陶继新	35.00
	44	《名校之道——陶继新对话名校长(1)》	陶继新	30.00
	45	《名校之道——陶继新对话名校长（2）》	陶继新	35.00
	46	《名校之道——陶继新对话名校长（3）》	陶继新	42.00
	47	《名校之道——陶继新对话名校长（4）》	陶继新	40.00
	48	《名校之道——陶继新对话名校长（5）》	陶继新	42.00
	49	《父母要成为子女的精神导师——五个孩子走向卓越的奥秘》	陶继新	43.00
	50	《品鉴教育文化盛宴——陶继新序跋屯集》	陶继新	45.00

系列	序号	书　　名	作者	定价
教育思想者系列	51	《为什么而出发——一位研究者对教育本质的沉思》	齐　健	35.00
教育思想者系列	52	《高效教学的道与术——陶继新教育讲演录》	陶继新	30.00
教育思想者系列	53	《铸造一流教育品质——陶继新区域教育巡礼》	陶继新	35.00
教育思想者系列	54	《教育，一切从孩子出发》	黄　俭	30.00
教育思想者系列	55	《教育可以变得简单——献给教师和家长的书》	黄　俭	36.00
教育艺术提升系列	56	《不犯错误的学生不是好学生 ——把错误变为成功教育的拐点》	程莉霞	35.00
教育艺术提升系列	57	《藏在师生体态语言里的教学智慧》	张　宇　廖生波	30.00
教育艺术提升系列	58	《教师最应该规避的教育误区》	杨坤道	30.00
名师成长系列	59	《音乐名师成长启示录 ——20 位音乐名师的心路历程》	陈　璞	35.00
名师成长系列	60	《情怀·智慧·境界——教育名家演讲录（1）》	钟惠河　李韫琬	30.00
精彩课堂系列	61	《让孩子零起点爱上阅读 ——上好阅读指导课的实施策略）》	彭小山	25.00
精彩课堂系列	62	《主题整合阅读教学（小学语文）》	成孟武	35.00
精彩课堂系列	63	《基于核心素养的数学教学》	赵红婷	35.00
精彩课堂系列	64	《中学生核心写作能力培养》	陶　波	36.00
精彩课堂系列	65	《给孩子更好的数学课堂》	易增加	30.00
精彩课堂系列	66	《小学生阅读素养的提升策略》	邵巧治	35.00
精彩课堂系列	67	《从语文素养走向生命成长 ——小学语文读写课堂教学密码》	曾海玲	30.00
精彩课堂系列	68	《真实的品德课》	朱淑秀	30.00
精彩课堂系列	69	《英语课堂学习共同体——新型的师生交互学习场》	杨延从	30.00
精彩课堂系列	70	《指导自主学习——初中数学学与教的研究与实践》	刘其武	30.00
精彩课堂系列	71	《玩出精彩的课堂 ——小学低年级教与学方式转变研究》	陶红松	30.00
精彩课堂系列	72	《让生命之花自主绽放——语文个性化教学建构策略》	商德远	30.00
精彩课堂系列	73	《让学生亲历知识——主体参与下体验式学习的实施策略》	何世祥	30.00

系列	序号	书　　名	作者	定价
教育探索者系列	74	《教育，静待花开——陪伴孩子一起成长》	武际金　王玉英	40.00
	75	《悦读立人——校园阅读文化体系构建策略》	杨世臣	30.00
	76	《教育智慧何处来——一位特级教师的思考手记》	付立金	30.00
	77	《和雅文化——校本课程的创新构建》	汤善香	30.00
	78	《让个性绽放精彩——学校课程体系整合与创生》	谢建伟　徐淑萍	30.00
	79	《让每个学生都幸福——最能润泽生命的学校文化建设》	谢建伟　张新喜	30.00
创新教学探索系列	80	《让阅读滋养学生语文素养——语文阅读教学策略与实施》	李洪芹	38.00
	81	《学校体育密码》	连仁都	36.00
	82	《我家住在〈诗经〉里》	李日芳	40.00
	83	《〈红楼梦〉里的语文课》	李日芳	30.00
	84	《品世界名画，学精彩作文 ——特级教师的“名画”作文教学法》	李日芳	36.00
	85	《学生数学整体思维培养 ——小学数学结构化教学的探索与实施》	颜春红	45.00
	86	《基于核心素养的体育与健康校本课程建设》	赵卫新	35.00
	87	《把古文教活——激活文言文课堂的教学策略》	刘小华	35.00
	88	《做童年面前最合适的人——我和孩子们的“童化语文”》	曹丽秋	30.00
	89	《玩出精彩作文——张化万活动作文教学经典策略》	张化万	35.00
	90	《让学生把母语用精彩——“语用课堂”的探索与实践》	佘小红	30.00
	91	《“备”出课堂精彩——备学式教学的课堂实践与思考》	张旭兰	30.00
	92	《神奇的阅读教室——带学生踏上美妙的阅读之旅》	李祖文	30.00
	93	《打造有生命力的课堂 ——“两步八环节”教学模式探索与实践》	查联智	30.00
	94	《最能培养学生探究能力的课堂 ——小学科学与信息技术单元整体课程实施与评价》	李怀源	30.00
	95	《最能激发学生运动天赋的课堂 ——小学体育单元整体课程实施与评价》	李怀源	30.00
	96	《最能提升学生艺术素养的课堂 ——小学艺术单元整体课程实施与评价》	李怀源	30.00
	97	《“生命语文”探索——焕发语文生命力的思考与实践》	王自成	30.00
	98	《粘连作文教学：让习作成为有个性的自我建构》	黄瑞夷	30.00

系列	序号	书　　名	作者	定价
创新教学探索系列	99	《备学式教学——在体验中建构数学思维》	单广红　范雪梅	30.00
	100	《向着自主进发——自主教育的创新实施智慧》	朱亚红	30.00
	101	《写中学——让学习更有效的学科写作教学》	钟传祎	30.00
	102	《小学科学实验总动员——大科学课堂有效提升学生创新力》	江美华	30.00
	103	《小学语文单元整体课程实施与评价》	李怀源	30.00
	104	《小学英语单元整体课程实施与评价》	李怀源	30.00
	105	《小学数学单元整体课程实施与评价》	李怀源	30.00
	106	《让教学更能激发智慧——“思维碰撞”课堂的建构与实施》	程和方	30.00
	107	《构建语文综合课新模式——家庭、社区、学校协同教学》	黄瑞夷	40.00
	108	《自主创新让教学成为有效引领》	蔡　隽	30.00
新父母教程	109	《一年级的孩子》	陈文芳	28.00
	110	《二年级的孩子 》	陈文芳	28.00
	111	《三年级的孩子》	钱静霞	28.00
	112	《四年级的孩子》	谢　云	28.00
	113	《五年级的孩子 》	陈　春	28.00
	114	《六年级的孩子》	袁卫星	28.00
	115	《七年级的孩子》	焦晓骏	28.00
	116	《八年级的孩子》	钟　杰	28.00
	117	《九年级的孩子》	凌宗伟	28.00
国际教育系列	118	《美国教育面面观——一位特级教师眼中的美国教育》	邵淑红	35.00
教师软实力系列	119	《教师人际沟通力》	黄爱华　夏丽娟	38.00
	120	《班主任教导力》	黄爱华　戴诗银	38.00
	121	《教师执业道德力》	黄爱华　夏丽娟	38.00
名校系列	122	《从校本课程走向学校课程——锡山高中课程探索之路》	唐江澎等	35.00
	123	《让每个孩子都成志 ——清华附小主题阅读课程的实施探索》	窦桂梅	30.00
	124	《让每个孩子都成志 ——清华附小主题实践课程的实施探索》	窦桂梅	35.00
	125	《向着朝阳走去——清华附小合作办学实践探索》	窦桂梅	30.00

系列	序号	书　　名	作者	定价
校长领导力系列	126	《学校细节管理的执行力》	林文明　王林发	30.00
	127	《校长智慧统筹的领导力》	谢耀丰　蔡丽姗 王林发	30.00
	128	《学校持续发展的研究力》	林文智　宋佳敏 王林发	30.00
	129	《学校和谐融洽的协作力》	陈一平　郭雪莹 王林发	30.00
	130	《学校教育提升的引领力》	谢文东　关敏华 王林发	30.00
	131	《学校团队成长的学习力》	黄纪　蔡美静 王林发	30.00
	132	《学校高效管理的创新力》	张　旭	30.00
	133	《学校成功管理的决策力》	邱黎明	30.00
	134	《高品质学校生长要素》	王益民	30.00
	135	《校长高效教学领导力提升策略》	徐世贵　郭文奇	30.00
新思维系列	136	《让后进生学习有后劲之36计》	严育洪	30.00
	137	《教育中的“不一定”——打破教育的19种思维惯式》	严育洪	30.00
教师修炼系列	138	《如何炼就课堂好声音——教师美嗓保健实用宝典》	薛建洲	30.00
	139	《与学生一起成长——90后教师的心路反思》	王　晗	30.00
	140	《教育，爱与宽容——教师心灵礼仪修炼》	许力争	30.00
教育家核心思想系列	141	《叶圣陶论写作》	叶圣陶 著 李怀源 选编	30.00
	142	《叶圣陶谈阅读》	叶圣陶 著 李怀源 选编	30.00
	143	《多元智能理论的本土化应用》	刘治富	30.00
	144	《大教育家最具施教力的教学思想》	白刚勋	30.00
学生心理解码系列	145	《在人生的春天播种 ——十四岁，写给青春的一封信》	白宏宽	30.00
	146	《孩子问题行为一点通 ——只有好老师才知道的学生心理谜底》	严育洪	30.00
班级文化系列	147	《活力班级的文化建设》	胡　珏	30.00
	148	《做幸福的班主任》	吕　丽	26.00

系列	序号	书　名	作者	定价
高效能教学系列	149	《高效能教师的10个好习惯（中学卷）》	张　瑾	30.00
	150	《让作文落地生根——提高写作实效的教学策略》	黄桂林	30.00
	151	《高效能作文教学5项修炼》	陈步华	30.00
	152	《高效能校长的10个好习惯》	张　勤	30.00
	153	《高效能教师的10个好习惯（小学卷）》	谢　英	30.00
	154	《高效能语文教学5项修炼》	王其华	30.00
新课程探索系列	155	《语文新课程的批判与重建》	葛桂斌	30.00
美国名师教学译丛	156	《美国名师游戏教学本土化应用：幼儿园》	（美）玛西娅 L. 泰特 著 胡 珍　瞿 菁　编译	30.00
	157	《美国名师游戏教学本土化应用：小学英语》	（美）玛西娅 L. 泰特 著 杨永华　张心影　编译	30.00
	158	《美国名师游戏教学本土化应用：小学数学》	（美）玛西娅 L. 泰特 著 谢艳红　编译	30.00
	159	《美国名师游戏教学本土化应用：小学科学》	（美）玛西娅 L. 泰特 著 刘丽萍　编译	30.00
	160	《美国名师游戏教学本土化应用：小学社会》	（美）玛西娅 L. 泰特 著 姜梅芳　编译	30.00
	161	《美国名师游戏教学本土化应用：小学音体美》	（美）玛西娅 L. 泰特 著 尹立志　编译	30.00
生态化校园系列	162	《文化管理——构建生态和谐校园的必由之路》	付全新	30.00
	163	《点燃学习的激情——构建校园生态化学习型组织》	杨树岳	30.00
	164	《课改突围——构建学校生态化教学体系》	杨树岳	30.00
教育新思考系列	165	《语文教育向何处去》	王　丛	26.00
	166	《教育，就是做好普通的事》	孙志毅	27.00
	167	《走出语文的偏见——让学生体悟文本的原义》	丛智芳	30.00
	168	《让语文教学更高效——批注式阅读教学探索》	韩中凌	30.00
	169	《读写互促——探寻学以致用的语文教学》	曹　龙	30.00
	170	《跳出数学教数学——用文化融通数学教学》	马建秀	27.00

系列	序号	书　　名	作者	定价
信息化教学系列	171	《巧用白板教语文——信息技术与语文教学操作指南》	蒋丽清	30.00
	172	《跨越式实现高效课堂——信息技术与课程整合高效教学方案评析》	陈　玲　刘　禹	30.00
教师必读系列	173	《教师必学的16堂修养课》	武宏伟	30.00
	174	《教师不可不知的教学心理效应》	叶勇军	30.00
	175	《班主任不可不知的管理效应》	奚一琴	30.00
	176	《教师不可不知的教育心理效应》	孙　媛	30.00
	177	《校长不可不知的管理效应》	谢申刚　张金豹	30.00
	178	《成为好教师的7项修炼》	王福强　李维华	30.00
	179	《如何让学生会学习》	龙　冰	30.00
	180	《如何让学生爱学习》	周震宇　许小燕	30.00
核心教学主张系列	181	《新生代语文名师核心教学主张》	许友兰	30.00
行思讲坛系列	182	《为了儿童的深度学习——问学课堂的建构与实施)》	潘文彬	45.00
	183	《灵动而朴素地教语文——潘文彬的微格教育生活》	潘文彬	30.00
	184	《师爱无疆——润泽学生心灵的教育故事》	侯忠彦	30.00
	185	《怎样反思更有效——促进教师专业发展的反思策略》	诸贝贝	30.00
	186	《成为高度自觉的教育者——写给后课标时代的数学教师》	许卫兵	30.00
	187	《哲思数学课》	刘全祥	30.00
	188	《智慧数学课——黄爱华教学思维的实践策略》	黄爱华	30.00
	189	《童趣数学课》	徐　芳	30.00
	190	《把学生教聪明》	严育洪	30.00
	191	《用语文的方式教语文——潘文彬教学主张与实践智慧》	潘文彬	30.00
	192	《怎样让阅读教学更有效——提升教学能力的十种读诵模式》	汪秀梅	28.00
	193	《让生命在润泽中起舞——当代小学生最需要的主题班会》	吴联星　罗　琳 冯卫东	30.00
	194	《让生命欢快拔节——当代中学生最需要的主题班会》	冯卫东　吴联星	30.00

系列	序号	书　　名	作者	定价
行思讲坛系列	195	《课堂因生成而精彩——高效教学的生成智慧》	张文质	30.00
	196	《回到每一个人的生命化教育 ——张文质二甲中学教育行动录》	张文质	30.00
	197	《中小学生如何学会合作》	张玉彬　刘昕昱	40.00
中国教育变革之路丛书	198	《百年树人师何为 ——教师队伍建设困顿与出路》	将丽珠　李玉向	30.00
	199	《入园何时不再难 ——学前教育困惑与抉择》	曾晓东 范　昕　周　慧	30.00
	200	《三尺书桌何处寻 ——流动人口子女教育困难与破解》	范先佐	30.00
	201	《苦旅何以得纾解 ——高考改革困境与突破》	郑若玲	30.00
	202	《择校纠结何时了 ——择校问题困局与治理》	曾晓东　周文海 曾娅琴	30.00
创新教学思想系列	203	《“大问题”教学的形与神》	黄爱华　张文质	30.00
教育漫笔系列	204	《课堂，诗意地栖居》	吴书华	30.00
教学提升系列	205	《有思想地教阅读 ——让学生学会品读文字真意》	王学东	30.00
教学全手册系列	206	《小学习作教学全手册》	郭家海	30.00
	207	《中学写作教学全手册》	郭家海	30.00
	208	《情境教学操作全手册》	冯卫东	35.00
	209	《合作教学操作全手册》	李春华	35.00
	210	《探究教学操作全手册》	周新桂	35.00
	211	《自主教学操作全手册》	诸葛彪	35.00
	212	《创新教学操作全手册》	王　玮	35.00
	213	《班主任工作全手册》	刘沛华	35.00
	214	《新教师工作全手册》	周震宇	35.00
	215	《学生心理健康教育全手册》	刘海莉　刘春杰	35.00
	216	《高效教学操作全手册》	马友平	35.00

系列	序号	书　　名	作者	定价
创新人才培养系列	217	《创新人才培养校园科普精品课程开发与指导——人大附中创新人才培养》	罗　滨	30.00
	218	《创新人才培养特色校本课程开发与创新人才培养——清华附中“国际安全下的科学技术”课程构建与实施》	王殿军　方　研　赵宏雁	30.00
	219	《创新人才培养：学校实验室建设与管理》	刘克文　杨发丽　杨　平	30.00
	220	《创新人才培养：数学探究活动开发与指导》	马云朋　韩继伟	30.00
	221	《创新人才培养：化学研究活动开发与指导》	王　磊	30.00
	222	《创新人才培养：物理探究活动开发与指导》	廖伯琴	30.00
	223	《创新人才培养：地理探究活动开发与指导》	张建珍　陈　澄	30.00
	224	《创新人才培养：生物探究活动开发与指导》	张迎春	30.00
	225	《创新人才培养：理念探索与思维突破》	王晶莹	30.00
新生代通派名师系列	226	《简约数学教学》	许卫兵	30.00
	227	《语文教学的本真——情意课堂展现母语之美》	吴建英	30.00
	228	《语文课堂的理想追求——欢快达成三维目标》	董一红	30.00
	229	《阅读教学的真髓——意象构建读出文学的真美》	祝　禧	30.00
	230	《美术教育的真谛——审美人生教育让生命绚丽成长》	陈铁梅	30.00
	231	《语文教学的理想境界——无痕教学润泽生命》	李　凤	30.00
	232	《儿童作文的本义——嬉乐作文让儿童乐并成长着》	王笑梅	30.00
	233	《名师是怎样炼成的》	王建明　王笑君	35.00
幼师成长系列	234	《幼儿行为背后——教师如何读懂幼儿的心思》	吴亚英	30.00
	235	《最具教育力的22种幼儿教育思想》	杨　达	30.00
	236	《幼儿教师必知的安全应急措施》	杨　达	30.00
	237	《幼儿教师必备的教育技能》	李　玲	30.00
	238	《卓越园长21条幼儿园管理策略》	周　丹　江东秋	30.00